Nicole Brandes

WEIBLICH, WILD UND WEISE

Selbstsicher – Selbstbestimmt – Selbsterfüllt

Bildrechte Coverfoto: Jeannette Meier Kramer
Bildrechte Autorinnenfoto Rückseite: André Bakker
Gestaltung Umschlag: Alexandra Schepelmann | donaugrafik.at

Der Goldegg Verlag achtet bei seinen Büchern und Magazinen auf nachhaltiges
Produzieren. Goldegg Bücher sind umweltfreundlich produziert und orientieren
sich in Materialien, Herstellungsorten, Arbeitsbedingungen und Produktions-
formen an den Bedürfnissen von Gesellschaft und Umwelt.

ISBN: 978-3-99060-097-9

© 2019 Goldegg Verlag GmbH
Friedrichstraße 191 • D-10117 Berlin
Telefon: +49 800 505 43 76-0

Goldegg Verlag GmbH, Österreich
Mommsengasse 4/2 • A-1040 Wien
Telefon: +43 1 505 43 76-0

E-Mail: office@goldegg-verlag.com
www.goldegg-verlag.com

Layout, Satz und Herstellung: Goldegg Verlag GmbH, Wien
Printed in the EU

Für Ma Ma, die mich gelehrt hat, mutig zu sein.

Für Esther, die mir vorgelebt hat, wohlwollend zu sein.

Und für Ruth, die mir gezeigt hat, gütig zu sein.

»Sei, was du bist – verdammt großartig!«

Inhaltsverzeichnis

7

Intro

Seit Jahrzehnten hilft Nicole Brandes Menschen, ihr volles Potenzial zu entwickeln. Sie ist in dem, was sie tut, wirklich gut. Und so ist es mir ein echtes Vergnügen, das Vorwort zu ihrem Buch »Weiblich, wild und weise« zu schreiben.

Ich bin seit über 50 Jahren im Bereich Human Potential und Personal Development tätig. Ich habe dabei Tausende von Leuten kennengelernt, die das Geheimnis des Erfolges erfahren wollten. Sie suchen diesen einen Stein der Weisen, eine komplizierte Formel oder den Zauberstab, der sie zum Erfolg führt.

Nicole hat ein Geheimnis – aber es ist nicht das, was Sie denken. Nicole weiß aus ihrer Erfahrung mit einigen der erfolgreichsten Menschen der Welt, dass es nicht allein der geschäftliche Erfolg ist, der zu langfristigem Glücklichsein führt. Reichtum, Macht und Status sorgen für Anerkennung und Herzklopfen, das allerdings von kurzer Dauer sein wird – und was kommt danach? Wie Nicole in ihrem Buch erwähnt, tappen gerade Frauen häufig in die Falle, dass der Erfolg sich längst eingestellt hätte und ihr Leben besser wäre, wenn sie nur klüger, hübscher, reicher oder »besser« wären.

In Wirklichkeit kommt dieses tiefe, nachhaltige Gefühl von Beglücktsein von innen heraus. Unsere Ergebnisse leiten sich von unseren Gedanken ab. Nicole zeigt auf, wie viele Frauen mit ihrer Selbstwahrnehmung kämpfen. Ihre Vorstellung von Erfolg orientiert sich an den Parametern einer immer noch sehr männlichen Welt. Dabei ist es eine Welt, die dringend genau das tiefe Verständnis benötigt, das Frauen von Natur aus besitzen.

Mit sehr persönlichen Geschichten führt Nicole ihre Leser durch die Entdeckung ihrer einzigartigen Kraft und die Möglichkeiten, diese spezielle Kraft auf kreative Weise einzusetzen, ohne sich in Konkurrenz zu begeben. Nur ein

Ausschöpfen der eigenen Einzigartigkeit führt zu einem ausgewogenen, erfolgreichen Leben. Die drei bescheidenen, aber machtvollen Wörter »Erkenne dich selbst!« sprechen Bände. Der Erfolg, nach dem wir streben, kommt durch Verstehen unseres Selbst und unserer Fähigkeiten. Nicht einmal der gelehrteste Wissenschaftler könnte unseren Fähigkeiten Grenzen setzen – unser Potenzial kennt kein Limit!

Nicole fordert Frauen dazu auf, ihre Ängste loszulassen und sich zu trauen, sie selbst zu sein. Die wichtigste Voraussetzung hierfür ist, jene Gedanken, einengenden Denkmuster und Paradigmen zu überprüfen, die unser persönliches und berufliches Wachstum verhindern.

Mithilfe ihres Kompasses zeigt Nicole auf, wie man sich aus einem Leben voller Kämpfe befreit und stattdessen zu Selbstvertrauen, Respekt und erreichbaren Träumen findet. Die wertvollste Botschaft aus diesem Buch war für mich etwas, was ich selbst viele Male als universelle Wahrheit erlebt habe: Erfolg macht nicht dauerhaft glücklich. Erst, wenn wir herausgefunden haben, wer wir sind und was unsere Einzigartigkeit ausmacht, ist dieses langfristige Gefühl der Erfüllung möglich.

Es liegt allein in unserer Hand, diese unglaubliche Wandlung in unserem Denken vorzunehmen und die Ergebnisse, die wir uns wünschen, aktiv in die Wege zu leiten.

Alles, was wir dazu brauchen, ist eine bewusste Entscheidung.

I strongly encourage you to use this book as a road map to the you that is longing to be. Don't just read it, study it daily.

Bob Proctor
Bestseller Autor von «You Were Born Rich«, Lehrer in «The Secret«

Rock it! weiblich, wild und weise

Ich glaube, dass das Leben ein wunderbares Abenteuer sein sollte und nicht nur Kampf und Business as usual. Schon als Kind war ich felsenfest davon überzeugt, dass mein Leben monumental sein würde. Damit meine ich: aufregend, bereichernd, ja sogar Herz, Atem und Schlaf raubend – und nicht eine Routine ohne Tamtam. Während andere zusammen beim Fußball lärmten, suchte ich die stillen Geräusche des Sees, fing Wolken am Himmel und hielt meine Träume für Realität.

Später kam eine Zeit, in der ich mich mehr als einsam fühlte. Ich hatte Emotionen, gegen die ich machtlos war. Und manchmal überkam mich eine alles verschlingende Leere, die tränenlos aus meinem Herzen quoll. Ich fühlte mich nicht nur an der Uni fehl am Platz. Ich lungerte an den verschiedensten Schauplätzen herum, ziellos zwischen faden Kneifern, ewigen Nörglern und blasierten Kaltblütern, deren deutlichste Bewegung war, die Mundwinkel gepflegt zu verziehen und das Leben aus sicherer Entfernung zu beobachten.

Ich verstand damals nicht, dass meine Einsamkeit wenig mit meinem Umfeld, sondern mit mir selbst zu tun hatte. Also hing ich mit obskuren Gestalten in irgendwelchen Schuppen ab, tobte auf der Tanzfläche zu Musik – egal, zu welcher. Ich hatte Angst davor, nicht zu sein. Nichtig zu sein. Mir einmal einzugestehen, das Leben vertan zu haben und ein Mensch gewesen zu sein, der nur glaubte, gelebt zu haben.

Irgendwann entschied ich mich, mein eigener Captain zu sein. Ich pfiff auf die Bedenken aller anderen. Und nur mit Flausen, Sehnsüchten und meiner Fantasterei im Gepäck begann ich, die Dinge selbst in die Hand zu nehmen. Diese Entscheidung hat mich in eine immense Kraft gebracht. Und diese Kraft hat mich in die höchsten Höhen gebracht. Ich hatte die Ehre, mit einigen der erfolgreichsten Menschen der Welt zusammenzuarbeiten. Ich durfte hohe Positionen und sehr gewichtige Aufgaben verantworten, obwohl ich die Universität früh abgebrochen und lieber das Leben aus erster Hand erfahren hatte. Meine Karriere verlief nicht graduell und linear, wie man sich das normalerweise vorstellt. Stattdessen fand sie steil, überraschend und in Quantensprüngen statt. Begleitet wurde sie von inneren emotionalen Achterbahnen aus schweißtreibender Aufregung, nervtötenden Selbstzweifeln und dem kolossalen Vertrauen, dass alles gut werden würde. So oder so war es immer spannend, fordernd und ein Spielfeld zum Wachsen. Dafür bin ich sehr dankbar.

Heute lebe ich ein privilegiertes Leben an einem der schönsten Orte der Welt, habe wundervolle Freunde. Ich tue, was mir beliebt, ich liebe, was ich tue, und ich mag, wer ich bin. Und ist es nicht das, wonach wir uns sehnen?

Wir leben im Zeitalter der goldenen Möglichkeiten. In dem Frauen noch mehr gebraucht werden als je zuvor. Bislang mussten Frauen auf Chancen warten, die Berufe oder Positionen ergreifen zu können, die sie wirklich gut beherrschten. Dafür hatte ich nie die Geduld. Wir haben jahrtausendelang Familien und Gemeinschaften zusammengehalten, pflegen Beziehungen und kümmern uns mit Fürsorge, Mitgefühl und Mut um andere. Diese Fähigkeiten sind heute mehr denn je gefragt. Auch an der Spitze.

Dazu brauchen wir Frauen, die alle Geduld über Bord werfen und sich in ihre wahre Größe stürzen. Frauen, die andere anstecken mit ihrer positiven Energie, ihrem kraftvollen Vorwärtsdrang und ihren wunderbaren menschlichen Fähigkeiten. Dabei gilt es, diese Talente und Fähigkeiten nicht nur für andere einzusetzen, sondern vor allem für sich selbst. Alles entspringt dem Inneren, der Persönlichkeit. Dafür müssen wir erst einmal an dem Ort ankommen, den wir nie verlassen haben: uns selbst.

Eines der größten Abenteuer ist also herauszufinden, wer wir wirklich sind. Wir sind weit mehr als eine Spezies von Leistungserbringern und Expertinnen. Wir sind Persönlichkeiten – mit allen Ecken und Kanten und mit Sehnsüchten. Und gleichzeitig mit all den großartigen Fähigkeiten, die keine Maschine und keine Fachkompetenz ersetzen kann: groß zu träumen, heiß zu lieben, wild zu kämpfen. Dort findet das Leben und das Glücklichsein statt. Dort können wir zur wahren Größe auflaufen, mit all unseren Wunden, Narben und einzigartigen Talenten.

Dafür gilt es, die innere Reise anzutreten. Das bedeutet nicht, dass wir »perfekt« werden müssen. Perfekt sind Schaufensterpuppen. Hinreißende, charmante, bunte, anziehende, bezaubernde Persönlichkeiten werden wir nur, wenn wir unsere Größe entdecken und leben.

Wenn Sie dieses Buch sorgfältig lesen, werden Sie mit Ihrem persönlichen Herzkompass eine Entdeckungsreise zu sich selbst machen. Diese Reise wird nicht ganz einfach, denn Sie begegnen auch und gerade Ihren Seiten, die Sie bisher nicht mögen, und den Verletzungen, die Sie schmerzen. Und diese Reise hört auch nie wirklich auf: Ich selbst wurde beim Schreiben dieses Buches wieder mit mir selbst konfrontiert, was kurzzeitig zu einem Ritt auf der Kanonenkugel wurde.

Doch die gute Nachricht ist: Genau diese Auseinandersetzung lässt Sie wachsen. Sie bringt Sie zu der Größe, die Sie selbst haben können, aber noch nicht sehen oder anerkennen können.

Ich möchte Sie anstiften, das Leben zu provozieren, so dass es nicht in der Ereignislosigkeit des Alltags steckenbleibt, weil sonst nichts passiert. Ich möchte Sie ermutigen, Ihre Welt mit mutiger Entscheidung und feuriger Leidenschaft zu vergrößern und dem entgegenzugehen, was Sie sind: einfach großartig.

Erst wenn wir entdecken, wer wir wirklich sind, kann Licht unser ganzes Sein durchfluten. Dann kann die innere Sonne aufgehen. Dann können Sie entdecken, dass Ihr Horizont viel weiter und Ihre Größe, was Sie sind und sein können, viel größer sind, als Sie sich je vorstellen können.

Lassen Sie uns beginnen!

Nicole Brandes

1. In der Ödnis

»*Noch ein kräftiger Armzug! Noch einer! Anschlag!*«, *denke ich.*

Ich tauche auf, klammere mich an den Beckenrand und schnappe nach Luft. »*Und?*«, *quetsche ich keuchend heraus.*

Der Trainer schüttelt den Kopf und zeigt mir die Stoppuhr. Enttäuscht tauche ich für einen Moment unter, damit keiner meine Tränen sieht. Schon wieder zwei Hundertstel langsamer als letzte Woche. Dabei habe ich alles gegeben.

»*Komm, streng dich an! Nochmal hundert Meter!*«, *höre ich meinen Trainer im lauten Kommandoton sagen, damit ich ihn trotz der Geräusche der anderen Schwimmer verstehe.*

Ich gelte als Hoffnungsträgerin in meinem Schwimmclub und werde mit zwei anderen Mädchen separat trainiert. Stunden, Tage, Monate, ja sogar Jahre, habe ich in diesem 25-Meter-Becken verbracht, um Hundertstel von Sekunden stärker, besser und schneller zu werden. Ich bekomme das Geräusch des Wasserklatschens nicht mehr los und auch das Bild der Linien am Beckenboden hat sich für immer in mein Gedächtnis eingebrannt. Genauso wie das Bild der vorderen Kappen der Turnschuhe des Trainers, die ich jedes Mal vor Augen habe, wenn ich völlig fertig für eine kurze Pause am Beckenrand hänge. Und die Stoppuhr mit der Zeit, dem Maß aller Dinge.

Ja, ich will mich anstrengen. Ich will Leistung bringen. Und ich bringe sie auch. Wenn ich sie nicht bringe, bin ich –

unverhältnismäßig – am Boden zerstört. Wenn ich mich verbessere, freue ich mich. Nicht allzu sehr. Ein bisschen. Ich jage sofort der nächsten Steigerung hinterher. Irgendwann versickert die Freude. Sie flackert manchmal noch auf. Aber immer weniger. Und irgendwann gar nicht mehr. Erst spüre ich nichts. Dann kommt die Leere. Und unbemerkt, wie das Wachsen von Fingernägeln, wächst die Leere in Ödnis.

Meine Zeit als Leistungsschwimmerin, als mein Leben linear zum Beckenrand stattfand, ist lange vorbei. Doch ich habe dieses Streben nach Leistung auch in die Arbeitswelt mitgenommen. Ich erlebe dabei Reziprozität, die paradox ist: Je mehr ich meine Leistung steigere, desto weniger Freude empfinde ich. Dieses Gefühl der Ödnis ist mir in meinem Leben später noch oft begegnet: bei mir selbst und bei anderen. Und vielleicht kennen Sie es auch: Sie bringen Tag für Tag Ihre Leistung, Sie arbeiten hart, Sie kämpfen, Sie strampeln, Sie geben Ihr Bestes. Mit Sicherheit verzeichnen Sie auch Erfolge, es gelingt Ihnen vieles. Sie freuen sich darüber, aber die Freude verfliegt allzu schnell. Es steht ja schon das nächste Ziel an, das es zu erreichen gilt. Also auf, auf: Weiter geht es mit der Leistung. Höher, schneller, weiter, effizienter, effektiver, besser, schöner, größer, anerkannter.

Mich machte das zu einer Gefangenen meiner selbst. Ich war im permanenten Ausnahmezustand der operativen Hektik. »Nur noch dieses Projekt abschließen. Dann wird es besser!« Natürlich stand bereits die nächste Aufgabe an. Mein Karussell drehte sich Tag für Tag schneller, die Routine und der Stress beherrschten mich. Ich merkte nicht, sondern fühlte nur: Ich bleibe selbst auf der Strecke. Denn die Gefühle, die zurückblieben, wenn mal wieder die kurze Freude über einen Erfolg verflogen war, waren nicht innerer Frieden und Erfüllung, sie kündeten nicht von Freiheit oder Selbstbestimmung, sondern von Einsamkeit, Erschöpfung und Leere.

Es ist die Ödnis, die bleibt.

Eines der Grundbedürfnisse des Menschen ist Leistung erbringen. Dafür opfern wir mehr, als uns lieb ist. Aber wenn wir uns nur darauf fokussieren, kommen wir in die innere Wüste. Sie wächst über die Jahre sogar noch, wenn die Erfahrung zeigt: Kein noch so umwerfender Erfolg kann an diesem Zustand etwas ändern.

Diese Erfahrung haben nicht nur ich und vielleicht auch Sie gemacht. Diese Erfahrung machen sehr viele Menschen. Ich weiß das, weil ich viele Jahre gerade mit High-Performern eng zusammengearbeitet habe und ich erlebe es heute in meinen Coachings noch intensiver. Frauen wie Männer tun alles, um ihren Zielen gerecht zu werden. Und gerade wir Frauen neigen dazu, wirklich alles zu opfern, was wir haben.

Nach außen sind wir erfolgreich. Unser Ansehen steigt. Aber innerlich verdursten und verhungern wir. Unsere Sehnsucht steigt. Und wir haben keine Ahnung, warum und wonach …

2. Erstarrt in der Eiswüste

Als Kind hörte ich einmal eine Geschichte, die mich unglaublich faszinierte. Sie handelte von Flöhen, die in einer Schuhschachtel eingesperrt wurden.

Die Flöhe versuchten natürlich, aus der Schachtel herauszuhüpfen. Da Flöhe locker hundertfach so hoch springen können, wie sie groß sind, stießen sie dauernd gegen den Deckel der Schachtel. Das machte jedes Mal »plopp«.

Dann kam der Moment, an dem das Plopp-ploppplopp aufhörte. Denn irgendwann, nach x vergeblichen Versuchen, gaben die Flöhe in der Schachtel auf. Sie hüpften zwar noch herum, aber nur noch so hoch, wie die Schachtel es erlaubte. So eckten sie nicht mehr an.

Sogar als der Deckel der Schachtel abgenommen wurde, sprang kein einziger Floh mehr aus der Schachtel heraus. Sie hüpften brav weiterhin nicht höher, als zur Höhe des Randes.

Die Flöhe hatten sofort gelernt, nicht anzuecken. Sie passten sich umgehend ihrem Umfeld an. Dabei sind Flöhe wahre Champions, sie können bis zu zweihundert Mal höher als ihre Körperlänge springen! Aber wenn sie konditioniert sind, bringen sie ihre wahre Größe nicht mehr zum Ausdruck. Bereits die kurze Zeit der Begrenzung des Umfelds lehrt sie offensichtlich, sofort die außerordentlichen Fähigkeiten zu zurückzustecken, die sie einmalig auszeichnen.

Diese Geschichte brachte mich als Kind zum Weinen. Und als Teenager stellte ich mir vor, wie Menschen ihr Leben in Schuhschachteln zwängen. Das machte mich unglücklich. Ich erlebte damals unbewusst etwas, das mich heute manchmal innerlich fast zum Weinen bringt: dass Menschen sich von ihrem System begrenzen lassen und weit unter ihren Möglichkeiten leben – wie die Flöhe es in den Schuhschachteln tun. Wenn das passiert, entsteht ein diffuses Gefühl der Unzufriedenheit oder sie werden sogar unglücklich, denn sie spüren, dass sie viel mehr draufhaben und dass da noch viel mehr ginge. Jeder wünscht sich ein glückliches, erfülltes Leben. Aber die wenigsten haben eine Ahnung, warum sie nicht glücklich sind und erst recht nicht, wie das gehen soll, was sie wirklich daran hindert und wie sie sich befreien und ihre wahre Berufung, nämlich ihre außerordentlichen Fähigkeiten, zum Ausdruck bringen können.

Das Leben ist eine Box

Schuhschachteln sind Systeme, in denen wir uns bewegen: die Familie, die Schule, die Arbeit, der Verein, die Freundschaft, die Partnerschaft, die Wirtschaft, die Kultur, die Gesellschaft. Diese Systeme sind nicht gottgegeben oder von irgendwelchen Mächtigen aufoktroyiert. Nein, sie sind von uns selbst geschaffen. Wir Menschen sind soziale Wesen. Wir brauchen ein Umfeld. Nicht irgendeines, sondern eines, das auf uns und unsere Bedürfnisse abgestimmt ist. Wir leben in losen und weniger losen Gemeinschaften. Damit ein Zusammenleben funktioniert, schaffen wir Strukturen. Und in diesen Strukturen herrschen geschriebene und ungeschriebene Regeln. Diese Regeln besagen: »So machen wir das hier.«

Wann immer eine Gruppe etwas Verbindendes auf die Beine stellt, helfen Strukturen und Regeln für ein funktionierendes Zusammenwirken. Daraus kann jedoch schnell ein System werden, in dem wir uns meist unbewusst in die

Konformität der Schachtel zwängen (lassen). Irgendwann bekommen wir das Gefühl, da ginge noch mehr, aber wir lassen uns fremdbestimmen und geben uns der Konformität der Schuhschachtel hin: Was wir zu tun und was wir zu lassen haben. Wer wir zu sein haben und wer nicht. Wie wir uns verhalten sollen und wie nicht. Was wir schaffen und genießen sollen und was nicht.

Und – schwupps – entsteht die Schachtel.

Oder eben viele Schachteln, denn wir bewegen uns gleichzeitig in mehreren Systemen. Ich habe mal jemandem in einem Vortrag sagen hören: *Life is a box.* Wenn wir aufstehen morgens, steigen wir aus einer Box, wir duschen in einer Box, wir fahren zum Job in einer Box und wir schauen bei der Arbeit in eine Box. Dieser Vortragende verpackte das ganze Leben in eine Box. Das Publikum war amüsiert. Aber ist es wirklich amüsant? Wie sehr hat er recht und wir verbringen unser Leben tatsächlich in der Box? Wie sehr gibt uns diese Box Sicherheit, Halt und Geborgenheit? Oder wie sehr begrenzt sie uns in unserer Individualität, unserem Selbstausdruck und unserer Freiheit?

Draußen

Ma Ma war schön, anmutig und sehr, sehr gescheit. Und sie war exotisch, sie stammte von den Philippinen. Ihr Vater war Professor und im diplomatischen Dienst. Und so kam er mit einem Teil der Familie nach Bonn. Sie lebten direkt neben Konrad Adenauer – ich habe heute noch Großvaters Visitenkarte mit seiner damaligen Geschäftsadresse und bewahre sie wie eine Reliquie auf! Ma Ma hatte gerade begonnen, Medizin zu studieren. Ihr stand eine glänzende Zukunft offen. Doch dann startete das Schicksal einen Überraschungsangriff. Es passierte etwas, das ihre Leben wie eine Bombe zerriss: ich. Ma Ma wurde schwanger – von meinem Vater, einem deutschen Ingenieur, den sie damals getroffen hatte. Es war das Ende ihres großen Traumes und der Beginn ihrer Tragödie (und offen gestanden auch meiner). Dazu müssen Sie sich vielleicht verdeutlichen, dass die Philippinen zu den katholischsten Ländern der Welt gehören. Galt eine uneheliche Schwangerschaft damals in Deutschland noch als Makel, war sie im philippinischen Verständnis geradezu eine Katastrophe. Ma Ma fürchtete die Strenge ihres Vaters und die Schande, die sie vermeintlich über die Sippe brachte. Sie floh in die Schweiz. Damit verlor sie den Kontakt zu ihrer Familie – und den Halt in ihrem System.

Sie war draußen.

Und für mich verschwand mein Vater für immer von der Bildfläche, bevor ich ihn überhaupt kennenlernte. Ma Ma heiratete erst später meinen Stiefvater. Er war ein Tohuwabohu an Persönlichkeit, ein Kettenraucher, der Bierflaschen sammelte und schnell die Nerven verlor. Vor ihrer Heirat musste Ma Ma viele Jahre hautnah und in aller Härte erfahren, was es bedeutete, als alleinstehende Mutter zu leben. Es ist auch heute sehr schwierig für alleinerziehende Mütter. Aber damals war es noch dramatischer. Sie musste ihr Studium abbrechen und ums Überleben kämpfen – und das in einem Land, in dem sie ewig fremd sein würde. Sie konnte ihren hungrigen Geist nicht mehr mit Wissenschaft stillen. Sie musste zusehen, wie sie ein hungriges Baby mit Nahrung fütterte. In der Schweiz kannte sie niemanden. Sie hatte weder Geld noch Unterstützung. Also musste sie sich mit Jobs über Wasser halten: Sie arbeitete im Service, dann im Büro. Später hatte sie sich das Geld zusammengespart, um sich weiterzubilden. Aber auch dann gab es keine Kinderkrippen und damit keine Zeit für ein kleines Kind. Also wuchs ich in verschiedenen Familien auf und einmal war ich sogar im Kinderheim. Überall, wo ich hinkam, war klar: Ich war fremd. Ich war anders. Äußerlich mit einem dunklen Teint. Innerlich mit einer hellen Vorstellung, dass die Welt magisch sei. Das passte nicht. *Ich* passte nicht. Ich war in den verschiedenen Familien kein Familienmitglied. Ich gehörte nicht dazu.

Ich war draußen.

Irgendwann fand sich eine Pflegefamilie, bei der ich für etliche Jahre bleiben durfte. Ich habe heute noch ein enges Verhältnis zu meinen Pflegeeltern und meinen Pflegegeschwistern. Dennoch: Bei aller Herzlichkeit und Verbundenheit hatte ich immer das Gefühl: Ich war das »Pflegekind«, nicht die Tochter. Ich war das Aufgenommene, nicht das Angenommene.

Wenn meine Brüder und meine Schwester am Wochenende gemeinsam mit den Eltern etwas unternahmen, war ich nicht dabei. Ich war bei Ma Ma. Wir hatten also kaum gemeinsame Abenteuer, die uns verbinden konnten. Wenn ich in der Schule das zum Ausdruck brachte, was ich schon vor dem Kindergarten konnte, nämlich Lesen, Schreiben und eine andere Sprache, kam das bei meinen Schulkameraden nicht wirklich gut an. Wenn ich sagte: »Komm wir fliegen auf den Mond« oder »Gehen wir neue Planeten entdecken« oder »Lass uns vom Kirchturm auf den Schulhof brüllen«, sagten sie mit funkelnden Augen: »So was Verrücktes!« Aber dann: »Ich möchte ja gern, aber das geht nicht. Was werden meine Eltern sagen?« oder »Das können wir doch nicht machen.« Ich sah, dass die, die dazugehörten, sich nicht trauten, was ich mich traute: mich einen feuchten Dreck um Grenzen zu kümmern! All das zu tun, was meine geliebten Roman- und Filmhelden taten: Das Leben aus der Box zu provozieren. Mit voller Wucht *wild* zu leben! Weit wie der Himmel zu denken!

Ich habe dieses lahme Abwinken nie verstanden. Es diente zwar der Konformität des Umfelds. Aber es erstickte die Sehnsucht, die, wie ich glaube, tief in jedem von uns steckt. Nämlich der Drang nach dem Eigenen – und das müssen wir ausprobieren. Die Neu-Gier, die in uns schlummert. Das Ausloten von Grenzen. Was ist meines? Und was nicht? Wie weit kann ich bei mir selbst gehen? Was mag ich, was nicht? Was passt zu mir und was nicht? Was beflügelt und was erschreckt mich? Dieses »brav im geschützten Rahmen bleiben« war für mich wie das Abwürgen des Lebensmotors. Es verunmöglichte das Abheben in die Gefilde des Lebendigen, bevor das Abenteuer überhaupt starten konnte. Milde ausgedrückt: Das hat mich frustriert. Offen gestanden: Das brachte mich bis an den Rand der Verzweiflung. So ist ganz früh in mir das Bild der dunklen, eingrenzenden Schuhschachtel, in der alle sitzen, entstanden.

Dabei ist doch alles möglich! Diese Schachtel ist nämlich gar nicht wie eine normale Schachtel an den Ecken zusammengeklebt. Nein, die Seitenwände sind nur locker aneinandergestellt. Wenn wir uns trauen, dorthin gehen und nur leicht mit den Fingerspitzen an die Wände tippen, können wir sie zum Umfallen bringen. Probieren Sie es mal! Ich schwöre, es funktioniert! Es gibt keine Begrenzungen. Nur eigene, innere – und auch die können wir überwinden. Leider stellen die meisten Menschen diese Grenzen nicht infrage. Sie werden dafür sogar belohnt.

Um diese Belohnung habe ich sie damals brennend beneidet, denn ich wollte dazugehören, aber ich war zu anders. Ich wollte unbedingt in diese verdammte Schuhschachtel, aber mein Freiheitsdrang passte nicht rein. Das war verwirrend und trennend. Und dieses Trennende schmerzte mich. Ich erlebte wohl, was auch Ma Ma erfuhr: Wenn wir uns nicht zugehörig fühlen, dann werden die gleichen Hirnareale aktiv wie bei physischem Schmerz. Und wenn wir es wagen, unser Eigenes zu leben, gehören wir erst recht nicht dazu. Ich hatte also keine Freunde, keine Verbündeten, keine Komplizen und keine Familie. Ich bibberte in der Einsamkeit. Ich fror wie ein kleiner Vogel, der von einem fremden Stern aus einer fernen Galaxie auf die Erde gefallen war. Es war die dunkelste Zeit meines Lebens.

Lohn und Preis der Schachtel

Wir alle brauchen diese Systeme. Sie bilden unser persönliches Umfeld, in dem wir uns angenommen und aufgehoben fühlen. Dieses Umfeld bietet uns Lebensentwürfe. Und die sind durchaus gut, denn sie sind von Generation zu Generation weitergegebene, bewährte Konzepte und Anleitungen für ein glückliches Leben. Aber sie sind »Standard«. Und im Standard fehlt auf den ersten Blick der Platz für unsere Individualität. Es scheint kein Raum da zu sein für das Außer-Gewöhnliche, nämlich für das, was wirklich in uns steckt. Und da entsteht ein diffuses Gefühl der Unzufriedenheit. Trotzdem bleiben wir in der Schachtel. Warum? Weil Gemeinschaften uns eine emotionale Verbindung geben. Sie sichern uns einen Platz in der Welt. Ihre Strukturen geben uns Halt. Und die Regeln bedeuten für uns Orientierung. Sie besagen, was ist richtig und was ist falsch; sie definieren, was ist gut und was ist schlecht. Das gibt uns ein Werteangebot, mit dem wir uns identifizieren können und das uns verbindet. Es ist etwas sehr Wertvolles, denn dadurch entsteht ein Teil unserer Identität und das wichtige Gefühl von Geborgenheit und Zugehörigkeit in einer Gemeinschaft.

Ohne dieses Zugehörigkeitsgefühl gehen wir ein.

Die allermeisten Systeme offerieren durchaus gute Standard-Lebensentwürfe: Die sind bewährt und bieten gute Voraussetzungen für ein glückliches Leben. Doch sie bieten wenig Raum für unsere Einzigartigkeit, das Großartige, was in uns steckt.

Das ist der Preis, den die Menschen in der Schachtel oft bezahlen: Sie könnten viel mehr, aber sie geben ihre potenzielle Größe auf. Sie lassen sich von den unsichtbaren Wänden begrenzen.

So wie die anderen

Jeder Mensch ist einzigartig. Wir können kein konformes Leben leben, nur unser eigenes. In uns allen steckt Großartiges. Und wenn wir dieses Großartige zum Ausdruck bringen können, ist es etwas vom Schönsten, was wir im Leben erreichen können. Zu werden, wer wir sind und zum Ausdruck zu bringen, was wir sind, ist das Ziel und der Sinn des Lebens. Ohne das ist unser Leben sinnentleert. Meine Mutter ist fast daran zerbrochen, dass sie nie Ärztin wurde, weil sie mich beam, dass sie ihren Drang zu helfen nicht gezielt einsetzen, ihre unglaubliche Intelligenz, ihren Wissensdurst und ihre außergewöhnlichen sprachlichen Talente kaum gewinnbringend in die Welt bringen konnte.

Ich stelle immer wieder in meiner Arbeit fest, dass viele

Menschen nach mehr hungern. Mehr bedeutet mehr Leben, mehr von sich zum Ausdruck zu bringen. Dennoch bleiben sie im System der Schuhschachteln stecken. Viele Menschen leben entlang der Erwartungen ihres direkten Umfelds. Das Umfeld besteht aus den Liebsten um sie herum, den Freunden, den Kolleginnen am Arbeitsplatz, all den Menschen im erweiterten Kreis, denen sie entsprechen wollen. Diese Menschen haben die Macht, dass wir uns bedeutungsvoll fühlen oder nicht. Sie haben die Power, uns das Gefühl zu geben, dass wir respektiert und geliebt werden oder eben nicht. Grundsätzlich gilt für jeden von uns: Wir Menschen brauchen die Akzeptanz, Zuwendung, ja Zuneigung unseres Umfelds, um gut leben zu können. Dafür nehmen wir fast jede Einschränkung in Kauf.

Manche Menschen sind extrem von ihrem Umfeld beeinflusst. Andere wiederum beeinflussen das Umfeld. Ja, wir *werden* sogar zu unserem Umfeld. Tatsache ist, wir können uns diesen Einflüssen nicht entziehen. Die Prägung des Umfelds ist stärker als die genetische DNA. Versetzen Sie mal ein deutsches Baby nach China! Das Baby wird sich nicht dagegen wehren und sagen, es könne unmöglich diese schwierige Sprache sprechen. Oder bringen Sie ein chinesisches Baby in die Schweiz. Es wird mit akzentfreiem Schweizerdeutsch aufwachsen und später vielleicht sogar mit viel Spaß Raclette und Fondue essen.

Wir sind abhängig von unserem Umfeld und wir alle wollen in unserem Umfeld bedeutungsvoll sein, respektiert und geliebt werden. Das hält uns auf Trab. Wir verdienen uns diese Zuneigung durch Wohlverhalten – bis zur Aufopferung. Und dafür tun wir sehr viel: Wir galoppieren pflichtbewusst durch den Alltag, aber wissen nicht zwingend, wohin. Wir arbeiten hart, obwohl es nicht unbedingt nötig ist, und wir uns nicht konkret darüber im Klaren sind, wozu. Wir erfüllen die Bedürfnisse von allen! Die unserer Eltern, unserer Kinder, unserer Lebensgefährten, die unserer Kunden, unserer Chefs, aber die eigenen bleiben auf der Strecke. Wir tun all das, damit sie uns sehen, erkennen und anerkennen. Das ist der größte Schutz, den wir als Menschen bekommen können – und auch brauchen. Deswegen fürchten wir das Gegenteil: Wir haben Angst vor ihrer Zurückweisung – und davor, einsam zu sein.

Zwischen Konformität und Individualität

Also geht dieses Spiel täglich weiter. Wir arbeiten extrem hart, um auf der Karriereleiter weiterzukommen. Wir strampeln uns ab, um in allem perfekt zu sein. Wir bilden uns weiter, um noch besser zu werden – wir sind ja nie genug. Wir beißen die Zähne zusammen, wenn wir schon längst übermüdet sind. All das einfach, um anerkannt und geliebt zu werden. Wir geben dem Umfeld damit sehr viel Macht. Wir begrenzen uns, um einer Vorstellung Genüge zu tun, die andere haben. Nicht wir selbst haben die Macht über das, was wir tun, sondern die anderen. So stranden wir in einer Welt, in der unsere Möglichkeiten von außen bestimmt und unsere außergewöhnlichen Fähigkeiten durch die Schuhschachteln begrenzt sind. Dadurch haben wir das Gefühl der Fremdbestimmung und der Limitation.

Wir können also nicht ein Leben in der Konformität leben. Wir müssen auch unsere Einzigartigkeit leben.

Sonst wird unser Leben sinnentleert. Zu werden, wer wir sind und zu wagen, was wir sind, in einem Umfeld, das uns in unserer Individualität schützt und nicht begrenzt, ist ein Spagat, den es zu meistern gilt.

Wir werden als Kind also, wie unser Umfeld ist. Wir wachsen wie Kürbisse in der Begrenzung einer Glasflasche oder eben in die Konformität der Schuhschachtel des Umfelds hinein. Aber irgendwann kommt der Zeitpunkt, an dem das Kürbisdasein in der Flasche ungemütlich wird.

Dann gilt es, das zu überprüfen. Spätestens, wenn wir spüren, dass da mehr in uns steckt, gilt es dem nachzugehen. Oft ist der erste Schritt, sich ein anderes Umfeld zu suchen, das uns weiterbringt und fordert.

Sport war ein wichtiger Teil in meinem Leben. Skifahren zum Beispiel war kein Hobby, sondern einfach normal. Ich war nie in einer Skischule, wir hatten kein Geld dafür. Wir wurden einfach, ohne lange zu fackeln, auf die Skier gestellt. Die Großen zeigten es den Kleinen und dann hopp! – runter die Piste. Später ging ich oft mit extrem guten Skifahrern in die Berge. Ich hatte keine Wahl: Um mit ihnen mitzuhalten, musste ich einfach gut Ski laufen! Ich habe alles aus mir herausgeholt, was ich konnte. Das hat mir Freude gemacht.

Ob beim Skifahren oder in der Arbeit, finanziell oder emotional – wenn wir unter unseren Fähigkeiten bleiben, wenn wir nicht wachsen, dann versauern wir. Wenn wir uns dem Standard der Schuhschachtel hingeben, beginnt uns das zu langweilen. Aus Langweile wird Unzufriedenheit. Aus Unzufriedenheit wird Frustration. Aus Frustration wird Unglücklichsein. Und irgendwann erstarren wir. Denn sich nur in der Leistung zu verbessern, genügt nicht.

Zwei entscheidende Komponenten

Viele in der Schachtel leisten alles, um die Zuwendung, das Wohlwollen, den Respekt, und die Liebe des Umfelds sicherzustellen und sie nicht zu verlieren. Und in dieser Leistung bleiben wir trotzdem unerfüllt, denn dabei kommen wir uns oft selbst abhanden. Oder präziser ausgedrückt: Dabei kommt uns unser Selbst abhanden.

Wir unterscheiden zwischen dem *Ich* und dem *Selbst*. Beim *Ich* geht es um die äußeren Kompetenzen, vorwiegend die Fähigkeiten, die wir lernen, die uns im beruflichen Leben abverlangt werden. Es geht um Erfolg, Effizienz und Effektivität und die Wirkung nach außen. Darum, beruflich und nach außen perfekt zu funktionieren. Dabei kann leicht übersehen werden, dass die »andere Seite« der Person, nämlich das *Selbst,* möglicherweise überspielt und unterdrückt wird. Beim *Selbst* geht es um ganz andere Dimensionen der Persönlichkeit, die nicht als lernbare Kompetenzen und Funktionen zu verstehen sind, sondern durch ganzheitliche Erfahrungen entstehen. Es geht um die emotionalen Aspekte, um die Wirkung nach innen, um das Er-*leben*: ob wir etwas sinn-voll und sinn-lich erleben. Es geht darum, uns selbst zu vertrauen, uns etwas zuzutrauen, zu lieben. Enge Beziehungen aufzubauen – zum Partner, zur Familie, zu Freunden, Verwandten und Kolleginnen. Und vor allem geht es darum, zu wachsen. Wir sind lebendige Wesen und wenn wir nicht wachsen, verkümmern wir innerlich.

Blühen statt nur leisten

Dieses Wachstum findet nicht im Standard der Außenwelt statt, sondern in der Individualität, im Innern. Nämlich dann, wenn wir nach dem streben, was wir wirklich wollen. Nur, was wollen wir? Oft streben wir nach den Lebenszielen, die uns von unserem Umfeld mitgegeben wurden. Die sind ja wie erwähnt nicht schlecht. Aber vielleicht bedürfen sie einer Überprüfung: Sind es wirklich *meine* Lebensziele, oder sind es die meiner Kultur, meiner Gesellschaft, meines Umfelds, meines Chefs, meiner Eltern, meines Partners? Lebe ich das Leben, das ich wirklich will und das zu mir passt?

Die wenigsten Menschen wissen genau, was sie wollen im Leben, geschweige denn haben sie es niedergeschrieben und präzise definiert. Und wenn wir eine Ahnung haben, dann gehen wir aufs Mittelmaß, schließlich wollen wir nicht scheitern. Was wir hier übersehen, ist, wenn wir nicht unser Eigenes erforschen, bleiben wir in der Konformität. Wenn wir nicht nach den Sternen greifen, findet kein Wachstum statt. Und ein Sprichwort sagt so schön, wenn wir nicht hoch genug zielen, laufen wir Gefahr, uns ins Knie zu schießen. Und wenn wir tatsächlich unser hohes Ziel herausgefunden haben, kommt uns ein anderer Geist in die Quere: Selbstzweifel.

Diese Selbstzweifel holen uns immer wieder ein, selbst wenn wir schon einen weiten Weg gegangen sind. Wie einen meiner Coachees, Topathlet und Executive bei einer Bank:

Auf meine Frage, was sein Lebensziel sei, sagt er zu Beginn unserer Arbeit in kühlem, bestimmtem Ton: »Ich will CEO werden. Und zwar CEO des Jahres.«

Ich nicke und denke: »Gut, wenn er das wirklich will, werde ich ihn dabei unterstützen.«

Wir arbeiten über mehrere Wochen und plötzlich sagt er: »Verdammt, ich will dieses Ziel gar nicht. Es gibt mir kein gutes Gefühl. Meine Eltern würden sich sicher freuen, aber ich kann mir langfristig ein Leben im Kreis dunkler Anzüge in endlos langen Konferenzen nicht vorstellen. Das will ich nicht.«

Ich nicke und frage: »Was willst du?«

Er blickt in die Ferne und antwortet ratlos: »Ich habe keine Ahnung!«

Einige Sitzungen später sagt er plötzlich zu mir: »Nicole, jetzt weiß ich es: Ich will Mental-Coach für Athleten im Breitensport werden.«

»Für den Breitensport? Wieso für den Breitensport?«, *frage ich mit hochgezogener Augenbraue.*

»Ja, für Top-Athleten fehlt mir das Netzwerk, und der Markt im Breitensport ist doch viel größer, und, und, und ...« *Er redet weiter und weiter und reiht eine Ausrede an die andere.*

»Stopp!«, *erwidere ich.* »Hast du vielleicht nur Angst,

dass du dein eigentliches Herzensziel nicht erreichen kannst?
Hab doch den Mut auszusprechen, was du wirklich willst!«
Er schaut mich an und schluckt. Dann sagt er langsam:
»Nicole, ich glaube, du hast recht.«

Seit er den Mut hat, dem wahren Ziel seiner Träume
nachzugehen, funkeln seine Augen, und seine Ausstrahlung
und Kraft beginnen zu blühen. Übrigens: Mit bemerkens-
werten Resultaten in seinem Business.

Wir benötigen unser äußeres Umfeld. Aber wir brauchen es
auch, unsere Individualität zu leben. Diesen Spagat gilt es zu
meistern.

Ich konnte den Spagat. Aber nur als Vierjährige im Bal-
lett. Im Leben hatte ich weder ein Umfeld noch wusste ich,
wer ich war. Ich riss zwar verzweifelt und wütend die Wände
der Schuhschachteln nieder. Aber ich scheiterte an der Sehnsucht nach dem Halt, den sie bieten. Ich manövrierte mich
selbst immer tiefer in die Eiswüste, immer mehr aufs Glatteis. Bis mir der Hintern total auf Grundeis ging ...

3. No way out

Schuhschachteln haben etwas Attraktives. Sie geben einen Platz, eine Aufgabe, Anerkennung und Wertschätzung. Deshalb hängen Sie sich so richtig rein. Mit großem Leistungswillen geben Sie Gas. Dann mehr. Dann noch mehr. Die Ergebnisse sind positiv.

Sie brausen schneller, weil Sie das, was Sie tun, so richtig gut können. Die Ergebnisse werden besser. Solange Sie mit Vollgas vorwärts düsen, wird der Erfolg immer größer. Sie haben ein gutes Salär, einen tollen Bonus, ein schönes Haus, einen bezaubernden Partner, entzückende Kinder und natürlich den Range Rover in der Garage und vielleicht sogar den Hund im Garten. Das haben Sie verdient. Dieser Leistungswille zeichnet Sie aus. Sie sind auf einem guten Level angekommen, haben viel erreicht. Dafür werden Sie anerkannt. Es sind lauter Dinge, auf die Sie stolz sind und stolz sein dürfen – und die Sie nicht verlieren möchten.

Aber was, wenn Ihnen die Schuhschachtel zu eng wird, weil Ihnen plötzlich etwas fehlt? Sie wissen nicht genau, was. Vielleicht die Perspektive? Eventuell die Antwort auf die Frage: »What's next?« Oder sogar der Raum zum Atmen. Oder vielleicht das Gefühl von Freiheit, Freude, Selbstbestimmung? Was, wenn Sie dann plötzlich beginnen, auf der Stelle zu treten, statt vorwärts zu sausen? Was, wenn Ihnen das, was Sie tun, nicht mehr gefällt?

Es ist ein weit verbreiteter Glaubenssatz, dass Sie das, was Sie gut machen, auch gerne tun. Ich jedenfalls bin mit diesem Satz aufgewachsen und habe lange gebraucht, um den Irrtum zu erkennen. Ich mache heute viele Dinge nicht mehr, die ich gut kann. Und ich mache viele Dinge, die ich überhaupt nicht gut kann, aber ich mache sie gern. Vielleicht geht es Ihnen auf Ihrem Weg nach vorn auch so.

Gefangen – outside plenty – inside empty

Wie sollen Sie in so einer Situation aus der Schuhschachtel aussteigen? Die Raten für das Haus werden jeden Monat fällig, die Ferien, Bildung und iPhones der Kinder kosten, der schöne Lebensstandard muss finanziert werden. Und dafür geben Sie noch mehr Vollgas, mit dem, was Sie beruflich gut können. Und je mehr Erfolg, desto mehr sind Sie auch gefordert, die »4P-Politik« zu beherrschen, nämlich: Ihre Position zu verteidigen, Ihre Persönlichkeit zu positionieren, für Ihr Projekt zu lobbyieren und Ihre Power im Unternehmen sicherzustellen. Schuhschachteln können dabei enger werden, dunkler, atemraubender ... und Schuhschachteln lösen sich nicht einfach von selbst auf.

Ich bin Marketing-Chefin einer exklusiven Schweizer Privatbank und ich bin in diesem Job das, was man als außerordentlich erfolgreich bezeichnet.

Ja, mein Privatleben existiert nicht.

Ja, meine Arbeit liegt in der ganzen Wohnung verstreut, obwohl ich eine wirklich, wirklich große Wohnung habe. Aber schließlich mache ich auch noch meinen MBA neben der Arbeit.

Ja, ich habe mein erstes Meeting schon morgens um halb sieben. In der Confiserie Sprüngli. Das ist praktisch, weil ich da schnell ein Ei und ein Bircher-Müsli nebenbei zum Frühstück runterschlingen kann.

Ja, es kann auch mal vorkommen, dass ich nachts um drei Uhr E-Mails und Messages an meine Mitarbeiter schi-

cke. Ich arbeite oft in der Nacht, weil mir Schlafen schon lange nicht mehr leichtfällt. Und weil dann die Welt stillzustehen scheint und das Gefühl des Gehetztseins mir weniger im Nacken sitzt.

Ferien? Das ist ein Fremdwort für mich.

Mein Team hat mir zum letzten Weihnachtsfest eine herzige Karte geschenkt: Die Rentiere kommen zum Weihnachtsmann und beantragen Urlaub. Und der antwortet völlig verdutzt: »Ihr wollt ... was bitte?!?« Mein Name stand mit Pfeil neben dem Weihnachtsmann.

Ich denke nicht darüber nach, ob es mir gut geht oder nicht. Ich habe eine Top-Position, ein Top-Salär, bekam den besten Bonus vom Bereich, kann mir praktisch alles leisten, was ich will und habe einen tollen Status erreicht. Ich wäre ja nicht bei Trost, so eine Position aufzugeben, nicht wahr?

Sie haben Quadratmeter, PS, Ansehen. Sie haben das Gefühl, dass Sie doch alles besitzen, was Sie brauchen.

Sie denken, es gibt keinen Grund, sich zu beschweren.

Im Gegenteil: Sie sollten sich glücklich schätzen, denn was wollen Sie denn noch? Sie haben grundsätzlich alles erreicht, was andere sich wünschen. Das sind auch tolle Errungenschaften – solange sie Sie nicht an die Schuhschachteln fesseln.

Heute erlebe ich in meiner Arbeit als Coach, dass sich Menschen in dieser Situation kaum trauen, sich ihren Schmerz einzugestehen, geschweige denn anderen von ihrem Leid zu erzählen. Sie fürchten, sie könnten als undankbar und überheblich gelten. Sie kritisieren sich selbst dafür: »Das kann doch gar nicht sein, dass ich nicht glücklich bin. Vielleicht stimmt irgendetwas nicht mit mir.« Aber wenn sie es mir dann wie ein gut gehütetes Geheimnis anvertrauen, kommt zum Ausdruck, dass sie hinter dem Erfolg oft eine tiefe Ratlosigkeit oder sogar Leere fühlen. Ich nenne dieses Syndrom: *outside plenty – inside empty.*

Die einen gehen dann gerne mal shoppen oder ins Spa, auf ein Wellnesswochenende oder toben sich im Fitnesscenter aus, um gegen dieses Gefühl anzukämpfen. Sie hoffen, sich damit etwas Gutes zu tun, um hinterher wieder in der Kraft zu agieren. Das alles hat seine Berechtigung, nur gegen den Schmerz helfen diese Pflästerchen nicht.

Im Nachhinein hintersinne ich mich. Ich habe in Konzernen immer meine eigenen Mission Statements für meine Teams geschrieben. »Wir bringen das Herz zu den Menschen.« Das bedeutet: den Erfolg von Menschen und ihre Position zu respektieren, aber die Person dahinter mit ihren Bedürfnissen und Emotionen zu sehen, zu erkennen und sie zu würdigen. Diese Mission habe ich mit meinem Team für andere aus tiefem Herzen und mit vollem Engagement auch gelebt. Kunden, Kollegen, Mitarbeiter – bei allen stand im Fokus, ihnen einen geschützten Raum zu geben, in dem sie sich abgeholt fühlten und sogar ihre Wunden zeigen konnten.

Jeder hat Verletzungen und Verletzbarkeit. Auch Topmanager – entgegen häufiger Aussagen. Vor Kurzem hat mir ein erfolgreicher Entrepreneur gesagt: »Bei dir fühle ich mich wahrgenommen. Bei dir finde ich statt.« Mich hat das sehr bewegt. Was ist das für ein Leben, wenn wir als Mensch nicht stattfinden, sondern nur in unserer Funktion? Den Raum anderen und sich selbst zu geben, ist wichtig.

Nur mir gab ich diesen Raum nicht.

Ich stand am inneren Abgrund und behielt ihn für mich. Ich biss die Zähne zusammen. Ich ignorierte ihn. Ich nahm ihn nicht ernst. Ich überhörte seine alles übertönende Stille. Ich dachte, das sei ein Luxusproblem. Es fiel mir nicht einmal ein, mich darüber zu äußern. Ich war gewohnt: Als Leistungsträger spürst du keinen Schmerz. Ich tat einfach eines: Ich lieferte!

Also habe ich auf den Leistungsdruck mit noch mehr Leistung reagiert. Neben meinem wahnwitzigen Arbeitspensum setzte ich in meiner spärlichen Freizeit zusätzlich auf Leistung: Ich ging ins Fitnessstudio, auf Bergtouren oder laufen, bis es so richtig weh tat. Immerhin konnte ich mich da kurz spüren. Wir können ja alle Emotionen niedermähen. Aber nicht die Angst und nicht den Schmerz. Ich habe stets alles aus mir herausgeholt – das fühlte sich nach Erfolg an.

Und Erfolg hielt ich für Glück.

Doch die Qual der Schuhschachtel lässt sich nicht für immer unterdrücken. Und Erfolg ist etwas anderes als Erfüllung.

What's next?

Die Wissenschaft des Erfolges besteht darin zu leisten, messbare Ziele zu setzen und Fortschritt von hier nach da zu erreichen. Wenn Sie sich an bestimmte Systeme halten, können Sie gar nicht anders, als erfolgreich zu sein. Dieser Erfolg macht Sie zwar glücklich, aber nur kurzzeitig, denn sofort stellt sich die unausweichliche Frage: What's next? Das ist der Teufelskreis: Sie kommen nie an, Sie müssen immer weiter. Sie laufen Gefahr auszulaugen, denn diese Frage, die unweigerlich wie im Reflex kommt, sobald Sie ein Ziel erreicht haben, kostet Energie. Denn an einer Position der Macht zu sein heißt nicht, in der Kraft zu sein. Am Leben zu sein, bedeutet nicht, sich lebendig zu fühlen. Aber was soll's? Es bleibt keine Zeit für eine Innenschau, also findet auch kein inneres Wachstum statt.

Bei der Kunst der Erfüllung geht es dagegen genau darum: um Wachstum, Sinnhaftigkeit und darum, einen Beitrag zu leisten. Hätte ich diesen Unterschied damals schon gekannt, wäre es vielleicht nie zu der folgenden Geschichte gekommen:

Ich sitze einmal mehr spät abends in meinem Büro – übrigens in einem wunderschönen Wintergarten einer Jugendstilvilla – und arbeite. Draußen ist es stockdunkel. Regen trommelt an die Scheibe. Ich fröstle.

Der Mann von der Security dreht seine Runde. »*Ach, die Frau Brandes*«, *sagt er freundlich. Er kennt mich schon.*

Ich schaue auf die Uhr und denke entnervt: ›*Schon 23.00 Uhr. In wenigen Stunden will ich schon wieder hier sein.*‹

Ich starre auf die dunklen regennassen Scheiben und überlege (im Ernst!): ›*Soll ich mir das wirklich antun, die 19 Kilometer bis nach Hause zu fahren? Nur, um den gleichen Weg morgen früh wieder zu machen?*‹

Mein Blick wandert unter den Schreibtisch und ich denke weiter: ›*Wenn ich mich jetzt einfach hier hinlege und schlafe, dann spare ich mir die zweimal 20 Minuten Fahrzeit.*‹

Ich lasse meinen Kopf auf die Schreibtischplatte sinken und stöhne: ›*Ja, geht's eigentlich noch? Bin ich denn komplett bescheuert?*‹

Da fällt mir etwas ein. Ich richte mich auf und öffne eine der Schubladen meines Schreibtischs. Dort müsste noch das Magazin liegen, das er mir hingelegt hat.

»*Er*«, *das ist mein letzter Partner, ein sehr erfolgreicher, sehr sportlicher Berater. Von der Energie unserer Liebe war nichts mehr übrig. Ich hatte unsere Beziehung ruiniert und er hat sie beendet. Bevor er mich verließ, legte er mir quasi als Abschiedsgeschenk diese Zeitschrift auf den Schreibtisch, aufgeschlagen bei einem Artikel zum Thema Burnout. Ich hatte das beiläufig zur Kenntnis genommen. Das ging mich nichts an, also habe ich mich nicht weiter damit befasst. Und einfach weitergearbeitet.*

Jetzt aber erinnere ich mich daran. Ich lege das Magazin vor mich hin und fange im Schein meiner Schreibtischleuchte an zu lesen.

Als ich den Text einmal durchhabe, nehme ich einen gelben Leuchtstift zur Hand. Ich will alles anstreichen, was mich betrifft.

Als ich fertig bin, starre ich fassungslos auf die Seiten: Der Artikel ist gelb. Der ganze!

Er führt auch einige Fragen auf, die helfen sollen, ein Burn-out zu erkennen. Eine davon ist: »Wann haben Sie das letzte Mal aus tiefstem Herzen gelacht?«

Ich bin erschüttert, denn ich muss antworten: »Vor Jahren.«

Die Erkenntnis trifft mich unvorbereitet – wie, wenn man auf Glatteis ausrutscht: Was tat ich hier eigentlich?! Ich wollte doch mal die Welt verändern! Nun realisierte ich, ich konnte nicht mal mich selbst verändern. Ich dachte, ich säße fest in der Apathie des Alltags. Aber ich war gefangen im eigenen inneren Exil. Ja, es war ein toller Job. Ja, ich hatte ein Top-Salär und einen super Bonus, ich gehörte zu den Schlüsselpersonen und den High-Performern in der Bank. Aber nun saß ich da und fühlte mich am Ende. Mir fiel der Satz des schwedischen Schriftstellers Theodor Kallifatides ein: »Das pralle Leben war so sporadisch geworden wie das von Zirkuselefanten.« Mein Leben bestand aus Arbeit. Und sonst fand es allein auf dem Sofa in der Gesellschaft von hundert Fernsehkanälen statt. Ich hatte keine Beziehung, keine Freizeit, keine Freude. Freundschaften und Familienfeiern geschahen ohne mich. Ich hatte nichts mehr. Nicht mal mehr mich selbst. Nur das Heft vor mir, das mir bestätigte, was mir schon lange hätte klar sein müssen. Mein Herz stürzte ins Vakuum.

Bei meiner Arbeit erlebe ich oft, dass viele High-Performer, ob Frau oder Mann, anfällig dafür sind, zu leisten und zu liefern.

In ihrer Funktion sehen sie ihren Wert.

Das heißt, ohne diese Funktion fühlen wir uns wertlos. Deshalb liefern wir allen, außer uns selbst. Und so freudlos und ausgepumpt uns unsere Tätigkeit auch hinterlässt: Wir geben, wir leisten, wir funktionieren, wir powern uns aus.

Und selbst wenn wir merken, dass wir ausgebrannt sind, machen wir trotzdem weiter. Aus einem ganz traurigen Grund.

Was sonst?

An jenem Abend am Schreibtisch wurde mir klar, dass ich so nicht mehr weitermachen konnte. Das war erschütternd. Aber was danach kam, war noch viel schlimmer. Ich wusste nicht, was ich sonst machen sollte, außer Karriere und Leistung bringen. Ich war ratlos. Das war mein Lebensmodell: wahnsinnig hart arbeiten, wie wahnsinnig alle Erwartungen erfüllen, wahnsinnig erfolgreich sein. Das machte man so. Ich hatte keinen blassen Schimmer, was ich sonst hätte tun sollen. Kinder wollte ich nie haben, also schien mir nur er-

folgreich im Beruf zu sein übrig zu bleiben. Und Mittelmaß
gab es einfach nicht.

Ich hatte mich selbst darauf redu-
ziert, High-Performer zu sein.

Ich konnte doch nur als Leistungsträger stattfinden, oder?
Also musste ich auch weiter und noch mehr Leistung bringen. So dachte ich zumindest. Erst viele Jahre später, als
ich einmal joggen ging und vor dem Lostraben auf die Uhr
schaute, um meine Zeit zu messen, wurde mir schlagartig
etwas klar. Ich sagte: Stopp! Erstens kann ich joggen nicht
ausstehen! Und zweitens wurde mir bewusst, dass kein
Mensch mich mehr lieben würde, wenn ich eine Sekunde
schneller im Ziel ankomme. Ich hatte im Wald in Jogging-
hosen etwas Grundlegendes begriffen: Mehr Leistung bringt
vielleicht mehr Bewunderung für den Performer, aber nicht
mehr Anerkennung für den Menschen. Das ist ein großes
Missverständnis. Wenn wir uns hinter unserer Leistung
verstecken, brauchen wir uns nicht wundern, wenn uns als
Mensch keiner sieht und würdigt. Und weil auch ich diesem
Missverständnis aufgesessen war, machte ich erst noch einmal weiter in der Schuhschachtel.

Viele Menschen kommen zu mir, weil sie innerlich in
der Eiswüste aufgelaufen sind. Sie »leiden« und verabschieden sich nicht von ihrem quälenden Lebensmodell, weil sie
keine Alternative sehen. Viele Frauen rackern sich im Job
ab und geben nebenbei noch alles für ihre Familie. Sie sind
unglücklich, machen aber einfach weiter in ihrer Schachtel.
Sie geben ihren Kindern dieses Modell weiter und es kann
sogar sein, dass sie sie – mit besten Absichten – darauf ver-
pflichten. Wie oft habe ich schon gehört: »Ich musste das
Geschäft meiner Eltern übernehmen. Ich hatte keine Wahl.

Heute würde ich das nie wieder tun.« Oder wenn die Tochter der Ärztin auch Ärztin wird oder der Sohn des Bäckers Bäcker, *könnte* es sein, dass sie dem Lebensentwurf der Eltern folgen, nicht ihrem eigenen. Bei aller Liebe, auch unausgesprochene Erwartungen der eigenen Eltern können einen mächtigen Druck aufbauen. Und da sie ihre Eltern lieben, schlüpfen die Kinder in diese Schachtel, weil sie sie nicht enttäuschen wollen.

No way out.

Der einzige Ausweg, der mir damals einfiel, war, den Job zu wechseln.

Verloren

Das habe ich die nächsten zehn Jahre immer wieder getan. Ich habe immer noch tollere Jobs bekommen – einfach so, ohne dass ich danach suchen musste. Die Jobs sind mir zugeflogen. Dafür bin ich sehr dankbar. Wie hätte ich da Nein sagen können? Also wurde ich noch erfolgreicher, verdiente noch mehr Geld, jettete noch mehr um die Welt.

Doch mit jeder beruflichen Station wurde es schlimmer. Zum Schluss habe ich regelrecht körperlich gelitten. Ich fühlte mich so, als müssten mich zehn Pferde zur Arbeit zerren. Es tat weh, morgens ins Büro zu gehen, doch konnte ich diese Schmerzen nicht verorten. Mit übermenschlicher Disziplin zwang ich mich, trotzdem zu arbeiten. Außerdem gab es da etwas, was mich tief bewegte: Mir wurde von den Menschen ein Titel zugesprochen, der egal, wo ich war, immer wieder aufpoppte: das Herz oder die Seele des Unternehmens. Das gab mir Sinn. Das gab mir eine Daseinsberechtigung! Und dem musste ich doch gerecht werden! Menschen kamen zu mir und legten den wundgescheuerten Schmerz, den sie hinter Jovialität oder einer harten Schale verzweifelt versteckten, auf den Tisch. Manchmal scheu, manchmal mutig, manchmal aggressiv, aber meist ratlos, was damit anzufangen sei, und immer dankbar, gehört zu werden. Keiner ahnte etwas von meinem eigenen Schmerz und der Eiswüste in mir. Die offenbarte ich niemandem. Wenn mich einer gefragt hätte, was ich denn stattdessen machen möchte, hätte ich ratlos antworten müssen: »Keine Ahnung.«

Dieses Phänomen begegnet mir heute immer wieder. Wenn ich Menschen, die sich von Schuhschachteln und Hamsterrad zermürbt fühlen, frage, was sie sich denn wünschen, kommen völlig unkonkrete Antworten. Die einen sagen: »Ich will einfach nur glücklich sein«, die anderen: »Mich mal richtig ausruhen« und die nächsten: »Endlich Zeit haben«. Hake ich nach, was das denn konkret bedeutet, lächeln sie etwas verlegen und zucken mit den Schultern. Sie wissen es nicht.

Sie wissen es aus dem gleichen Grund nicht wie ich und wie die Heerscharen der hart Arbeitenden und Erfolgreichen, die die Schuhschachteln bevölkern und Hamsterräder dieser Welt bespulen.

In ihrem Hochleistungs-Alltag ist ihnen ihr Selbst abhandengekommen.

Sie sind im Dienst ihrer Aufgabe. Sie spulen die Lebensentwürfe der anderen ab. Sie bewegen sich ausschließlich im *Ich*, in dem Bereich, in dem die äußeren Kompetenzen der Arbeit vorwiegend gelten. Sie verausgaben sich darin und haben ihr *Selbst* mitsamt seinen Bedürfnissen verdrängt. In diesem *Selbst* geht es um die Wahrnehmung seiner selbst. Um die Selbstsorge. Um fühlen und nicht leisten. Je mehr wir im Außen leisten müssen, desto mehr schieben wir dieses *Selbst* zur Seite. Und laufen Gefahr, schließlich den Kontakt zu uns selbst zu verlieren.

So ging es mir auch: Ich bin mir in der Zeit des beruflichen Höhenfluges selbst abhandengekommen. Die kämpferische, begeisterungsfähige Göre, die sich um nichts schert, flackerte nur noch selten auf. Was dieses *Selbst* wollte, was diesem *Selbst* Spaß machte, zählte nicht. Was zählte, war das Unternehmen. Und seine Ziele.

Am Anfang konnte ich noch für dessen Ziele und Erwartungen brennen, ich steckte all meine Energie hinein. Doch diese Energie kam nicht zurück. Und irgendwann war meine aufgebraucht.

Ich brannte für nichts mehr, ich war ausgebrannt.

Der Hunger

Wenn wir den Kontakt zu uns verlieren, ist uns dieser Verlust kognitiv oft nicht bewusst. Und doch vermissen und fühlen wir ihn schmerzlich. So schmerzlich, dass wir Schmerzen auf uns nehmen, um uns zumindest kurzzeitig selbst wieder zu spüren. In meinen Berufsjahren in einer Alpha-Welt habe ich oft bei Männern beobachtet, dass sie nach einer anstrengenden 60-bis-80-Stunden-Woche im Job noch für einen Marathon trainieren. Vielleicht nicht nur, um den Leistungserwartungen zu entsprechen, sondern einfach auch, um sich wieder zu spüren.

Wir können viele Emotionen niedermachen, aber nicht Angst und Schmerz. Und wann sind wir lebendig? Wenn wir fühlen! Das ist also eine Möglichkeit, in der sie in Kontakt mit sich kommen und sich für kurze Zeit spüren. Doch mit solchen Ersatzhandlungen befriedigen wir unsere Bedürfnisse nicht. Deshalb quält uns der Mangel weiter. Wir hungern. Wir sind emotional unterernährt.

Wir hungern nach mehr Leben.

Doch was bedeutet dieses »mehr Leben« eigentlich?

Mehr Leben fühlen wir immer dann, wenn wir unsere Bedürfnisse als Mensch befriedigen können. Es gibt verschiedene Modelle, die diese Bedürfnisse erklären. Die Darstellung von Tony Robbins finde ich in diesem Zusammenhang leicht verständlich und einleuchtend. Er sagt, dass es sechs grundlegende Bedürfnisse gibt, die sich in zwei Kategorien einteilen lassen.

In die *Kategorie der Bedürfnisse der Persönlichkeit* gehören

- *Sicherheit (certainty)*. Wir müssen uns sicher und aufgehoben fühlen.
- Aber wir brauchen auch Abwechslung (uncertainty/ variety) – doch nicht zu viel! Sonst fallen wir aus der Sicherheit.
- *Bedeutung (significance)*. Wir alle wollen bedeutungsvoll sein. Wenn wir keine Bedeutung haben, ist unser Leben eben bedeutungs*los*.
- *Liebe und Verbindung (love and connection)*. Wir alle brauchen ein Gefühl der Verbundenheit. Kein Mensch kann alleine überleben. Wir werden nur über das Gegenüber zu einer Persönlichkeit.

Zur *zweiten Kategorie*, den *Bedürfnissen des Geistes*, gehören

- *Wachstum (growth)* und
- *einen Beitrag leisten (contribution)*.

45

Erst wenn wir über uns hinauswachsen, entfesseln wir unbekannte Kräfte in uns und entfalten unser Potenzial. Und erst wenn wir nicht nur für uns einstehen, sondern auch einen Beitrag für das größere Ganze leisten, spüren wir eine tiefe innere Befriedigung.

Sie sehen auf den ersten Blick, dass die Bedürfnisse potenziell miteinander konkurrieren. So steht auf der einen Seite die Sicherheit. Das ist genau die Schachtel, in der wir uns eingerichtet haben. Wir wissen, was uns da erwartet und was von uns erwartet wird. Wir bewegen uns innerhalb einer Komfortzone, in der wir sicher und geschützt sind und wenig wagen müssen.

> *Dauerhafte Sicherheit ist gleichzeitig die*
> *Schuhschachtel und das Hamsterrad.*

Routine prägt den Alltag. Wir bewegen uns in der Sicherheit und Ereignislosigkeit des Alltags. Uns fehlt die Abwechslung, aber es geschieht grundsätzlich wieder dasselbe, so sehr wir uns auch anstrengen. Das Bedürfnis nach Abwechslung bleibt unbefriedigt.

Eine ähnliche Konstellation finden Sie bei dem zweiten Bedürfnispaar: Wir sehnen uns danach, bedeutungsvoll zu sein. Wir wollen stolz auf uns sein können, wir wollen gebraucht werden. Deshalb leiden viele Menschen, die arbeitslos sind: Bei ihnen entsteht das Gefühl, dass sie nicht gebraucht werden – und das ist schmerzhaft.

Dieses Bedürfnis nach Bedeutung als Mensch kollidiert mit dem Bedürfnis, mit anderen verbunden zu sein. Wer dem beruflichen Erfolg nachhetzt, hat oft keine Zeit, Beziehungen zu pflegen, für Nähe zu anderen Menschen. Wir schuften, kommen uns selbst abhanden, dabei sehnen wir uns nach Anerkennung und Liebe.

Auch unser Bedürfnis nach Wachstum kommt massiv zu kurz, wenn wir die ganze Zeit nur den äußeren Zielen hinterherstrampeln. Wenn wir die operative Hektik abspulen, findet kein Wachstum statt, weder intellektuelles noch emotionales oder spirituelles.

Auf diese Art kommen wir nie dazu, das mächtigste Bedürfnis zu erfüllen: einen Beitrag zum großen Ganzen zu leisten. Das tun wir, wenn wir nicht nur uns, sondern der Welt etwas Gutes tun. Dieser Beitrag gibt unserem Leben Sinn und Erfüllung.

Doch um diesem Bedürfnis gerecht zu werden, müssen wir aus den Grenzen unserer Schachtel heraustreten.

Wir können nicht in etwas hineinpassen und gleichzeitig herausragend sein. Solange wir nicht über uns und unsere Begrenzungen hinauswachsen, wird das nicht gelingen.

Wer treibt wen?

Wären wir uns unserer Bedürfnisse bewusst, könnten wir einen wesentlich besseren Ausgleich erreichen. Wir wüssten, was wir uns wünschen und was uns guttut und könnten unser Leben so justieren, dass es uns erfüllt. Ohne Kontakt zu uns und unseren Bedürfnissen wird das schwierig. Deshalb sitzen wir oft da und wissen nicht, was wir anders machen sollen. Wir bleiben in unserer Schachtel und verbringen unsere Zeit mit Arbeiten und Geldverdienen. Verstehen Sie mich bitte richtig: Gegen Geld ist nichts einzuwenden. Geld ist wichtig.

Die meisten Menschen denken über Geld nach, die wenigsten wollen darüber reden. In meiner Arbeit stelle ich immer wieder fest, dass Geld ein Thema in meinen MasterMind-Coachings ist. Die MasterMind-Gruppe ist eine Gruppe erfolgreicher Menschen, die viel vorhaben in der Welt und an echtem Wohlstand interessiert sind, nicht nur finanziell, sondern in allen Bereichen ihres Lebens: in Beziehungen, Gesundheit, Zeit, Beruf und Berufung. Sie wollen außergewöhnliche Ergebnisse erzielen, nicht des Geldes wegen, sondern um Dinge zu bewegen, Größeres zu schaffen, einen Beitrag zu leisten. Ich führe diese Gruppe einmal in der Woche via Zoom. Es nennt sich »No Limit Thinking« und oft kommt das Anliegen: Ich will erfolgreicher, aber nicht unbedingt reicher sein. Geld motiviert mich nicht.

Das ging mir ebenso. Also habe ich lange über Geld nachgedacht. Wir streben alle nach Geld, weil wir in einem System leben, das mit Geld funktioniert. Gleichzeitig finden wir es verwerflich, dass wir das tun – das ist eine der Wände der Schachtel, in die wir gesetzt werden. Ich erlebe immer wieder, dass viele Menschen ein unschönes Bild von Geld haben und dass es nicht wichtig sei. Ich glaube, dass es sehr hilfreich ist, dieses Bild loszuwerden.

Oft hören wir: Geld macht nicht glücklich. Aber Geld bringt meines Erachtens mehr Glück als Armut. Geld ist so wichtig wie das Essen und die Kleidung, die wir damit kaufen können. Geld ist essenziell wie die Bildung, die es möglich macht, die Arztrechnung, die es bezahlt, die Ferien, die es ermöglicht und die Chance, anderen Menschen, die nicht so privilegiert sind, zu helfen. Geld hat eine Auswirkung auf alle Lebensbereiche.

Was ist also Geld? Es ist ein Symbol von Freiheit. Es ermöglicht uns, uns selbst auszudrücken. Und wir benötigen es erst recht, wenn wir anderen Gutes tun wollen. Aber Geld sollte immer Konsequenz unseres Wirkens sein und nicht das Ziel. Wir sollten tolle Sachen damit anstoßen können. Wir sollten tolle Dinge besitzen können.

> *Entscheidend ist, dass wir Dinge besitzen – und nicht sie uns.*

Wenn wir das zulassen, wären wir hilflose Opfer. Das sind wir jedoch nicht. Es ist vielmehr so, dass wir uns im Strom des Lebens treiben lassen. Und wir haben es in der Hand, das zu ändern. Wenn wir uns aber treiben lassen, setzen wir uns freiwillig in die Schuhschachtel. Unsere Bedürfnisse bleiben bestehen. Und um diese zu befriedigen, kann es im Aktionismus der operativen Hektik gut passieren, dass wir das Innerste und Wertvollste verletzen, das wir haben: unsere Werte. Das passiert zum Beispiel, wenn wir uns Anerkennung oder Liebe bei einem anderen Partner holen, obwohl Integrität ein hohes Gut für uns ist. Wenn wir Vertrauen missbrauchen, obwohl Loyalität für uns wichtig ist. Wenn wir lügen, obwohl Ehrlichkeit unser oberstes Gebot ist. In all diesen Fällen passiert etwas mit uns.

> *So reißen wir die Brücken zu unserem Selbst ein.*

Und dann sind wir irgendwann tatsächlich gefangen und am Ende ohne Hoffnung auf Rettung. No way out.

Der (Aus-)Weg zum Schatz

Was beim Leben in der Schachtel insgesamt immer auf der Strecke bleibt, ist Ihr Potenzial, Ihre Größe. All die Diamanten, die in Ihnen verborgen sind. Die können nur funkeln, wenn Sie sie zu Tage fördern und bearbeiten. »*Diamonds are a girl's best friend*«, sang einst Marilyn Monroe. Ich mag das, aber nicht in dem Sinne, dass Frauen darauf warten sollten, dass ihnen Diamanten geschenkt werden. Sie haben selbst jede Menge Kostbarkeiten in sich. Selbst wenn Sie von diesen noch nichts wissen oder es kaum glauben können:

Sie sitzen auf einem Schatz von riesiger Größe.

Viele großartige Facetten Ihrer Persönlichkeit sind wie die Diamanten unter Druck entstanden: Im Laufe Ihres Lebens, während des Wachstums Ihrer Persönlichkeit, sind sie von schwierigen Ereignissen, großen und kleinen Hindernissen und Rückschlägen geformt worden und warten nun als Rohdiamanten darauf, geschürft, geschliffen und poliert zu werden. Um dann zu funkeln und zu leuchten.

Deshalb möchte ich Sie ermutigen: Bleiben Sie nicht in der Schuhschachtel sitzen. Wenn Sie Ihre Größe zum Strahlen bringen wollen, treffen Sie diese Entscheidung. Begeben Sie sich auf die Suche nach Ihrem inneren Schatz, wenn Sie ihn noch nicht gefunden haben. Und wenn doch, dann graben Sie tiefer. Sie werden sehen, da gibt es noch jede Menge Diamanten. Und in jedem Moment, in jedem Augenblick haben Sie die Wahl: Entweder Sie bleiben in der Schuhschachtel gefangen und passen hinein. Oder Sie machen diesen Schritt, um abzuheben und herausragend zu sein. No way out or ready for take off?

4. Ready for take off – bereit zum Abheben!

Wenn Sie an der Wand stehen, sich eingekeilt fühlen und keinen Ausweg mehr sehen, können Verzweiflung, Rückzug oder Wut natürliche Reaktionen sein. Doch viele lassen zum Beispiel ihre Wut nicht zu, weil sie meinen, das sei etwas Schlechtes. Es gibt viele Emotionstheorien, aber für mich haben alle Gefühle außer Gier, Neid, Eifersucht, Verachtung und Hass etwas Gutes. Auch und gerade die Wut. Denn Wut bedeutet für mich Energie. Wut heißt Bewegung. Und die kann man kanalisieren und nutzen. Als Coach arbeite ich damit.

Damals wusste ich das natürlich noch nicht. Es geschah einfach das Richtige: diese Kraft, die in mir brodelte, trieb mich immer in eine gute Richtung, nämlich raus aus einer unbefriedigenden Situation. Ich bin heute also meiner eigenen Wut von damals dankbar! Sie war es, die mich in Bewegung versetzt hat. Sie hat mich angetrieben und vorwärtsgebracht. Sie lehrte mich, für mich einzustehen. Sie machte mich angstfrei und erfinderisch.

Gleich nach dem Abitur büchste ich aus. Ich war wütend auf meine Mutter, auf meinen Stiefvater, meine Schule, meine Lehrer, meine Stadt, mein Land – einfach alles. Ich suchte verzweifelt meinen Platz in der Welt. Also suchte ich mit dem Einzigen, was ich gut konnte: Reisen. Zusammen mit meinem damaligen Freund reiste ich auf die Philippinen. Ich besuchte nicht nur ein fremdes Land, sondern auch meine Verwandten – eine fremde Familie. Und war völlig unvorbereitet auf das, was mich dort erwartete.

Die Verwandten, bei denen ich zu Gast bleiben durfte, waren sehr reich. Ich konnte das zuerst gar nicht einordnen, denn ich kam voller Teenager-Idealismus dort an. Ich war überzeugt: Alle Menschen sind gleich. Doch ich wurde mit einer völlig anderen Realität konfrontiert. Meine Familie beschäftigte jede Menge Angestellte. Ich fand das haarsträubend. Das war doch Sklaverei! Das war kolonial und imperialistisch! Ich sah überhaupt nicht, dass diese Menschen nur so die Chance hatten, den Lebensunterhalt für ihre Familien zu verdienen. Meine Verwandten verstanden natürlich meine unverhohlene Empörung nicht.

Meine Cousins und meine Cousinen durften nur mit schwer bewaffneten Bodyguards das Haus verlassen. Das ist kein Witz! Uns wurde das höflich, aber bestimmt nahegelegt. Ich fand das nur befremdlich. Wir waren hier doch nicht in einem Actionfilm! Erst viele Jahre später, als ich für kurze Zeit in Jakarta wohnte, erklärte mir ein sehr erfolgreicher indonesischer Geschäftsmann, dass die Philippinen für ihn das gefährlichste Land in Asien waren. Er reise hier nur mit Bodyguards. Ich tupfte mir heimlich ein paar Schweißperlen von der Stirn und dankte einmal mehr meinem Schutzengel.

Doch zurück zu damals: Da wir ja kein Geld hatten, fuhren mein Freund und ich ausschließlich mit den billigen, bunten Jeepneys, die typisch sind für das Land. Meine Verwandten zuckten – ganz asiatisch – nicht mit der Wimper und ließen uns stattdessen via Dienstmädchen ihren Missmut ausrichten. Damals war mir nicht klar, dass es eigentlich Fürsorge war. Ich schockierte also fröhlich weiter: Stellen Sie sich die Frauen in meiner Familie als anmutige Ladys vor, die allesamt bis hin zu meiner Urgroßtante wunderschöne Haare hatten. In dieser Kultur ist das Haar zu pflegen ein besonderes Ritual. Stundenlang wurde gebürstet, gekämmt, geölt, gezupft und zelebriert.

Aber ich hatte einen Kahlschnitt. Ich hatte mir meine lange Mähne für die Reise abschneiden und alle Haare rasieren lassen. Ich sah aus wie Sinéad O'Connor. Meine Urgroßtante spitzte bei meinem Anblick nur ihren Mund. Und scharfsinnig wie ich war, übersetzte ich: »*Deine Frisur ist das nackte Grauen!*« *Ich schenkte ihr einfach ein goldgerahmtes Lächeln.*

Dann ließ mein Freund mich sitzen, weil er ein hübsches philippinisches Mädchen getroffen hatte. Mir verging das Lächeln und ich wurde erst wütend, dann pragmatisch. Ich dachte mir: ›*Okay. Jetzt bin ich allein auf einem fremden Kontinent, in einer fremden Großstadt, bei einer fremden Familie, mit Bodyguards, die allzeit bereit sind, mich vor einer Entführung zu beschützen und ich habe sehr wenig Geld.*›

Also packte ich meinen kleinen Koffer, sagte mich von allem los und machte mich auf zu einer Insel, von der Prospekte und Rucksackreisende behaupteten, sie sei das Paradies. Und das war tatsächlich so. Die Insel war bezaubernd. Es gab nur ein paar einfache Bambushütten unter Palmen. Der Strand war weiß. Das Meer war weit. Und die Sonnenuntergänge atemberaubend. Hotels, Straßen und elektrisches Licht gab es noch nicht. Nur kleine Trampelpfade, die man nachts mit der eigenen Laterne ausleuchten musste, um den Weg zu finden. Prompt wurde ich in einer Nacht von einer wilden Hündin gebissen. Ich war ihr und ihren Welpen in der Dunkelheit ahnungslos zu nahe getreten. Ich bin relativ hart im Nehmen. Dennoch: Mein Bein sah wirklich schlimm aus. ›*Okay*‹*, dachte ich ruhig.* ›*Die Wunde muss professionell behandelt werden.*‹ *Medizinische Versorgung? Eine Tagesreise weit entfernt. Wie komme ich dorthin? Keine Ahnung. Wann gab es ein Boot oder einen Bus? Unsicher.*

Also marschierte ich am nächsten Tag in aller Herrgottsfrühe entschlossen zum Strand, fragte jeden Fischer

charmant um Transport, bis jemand einverstanden war,
mich mitzunehmen. Mit Schmerzen im Bein und einem Fet-
zen um die Wunde gewickelt, watete ich durch das Wasser
und kletterte in eines dieser schmalen Mini-Holzboote mit
Bambusauslegern auf der Seite. Die Fahrt war rasant, nah
an den Wellen und nass von der Gischt. Auf der nächsten
Insel fragte ich mich klitschnass zur Busstation durch, um
in die nächste Stadt zu gelangen. Irgendwann kam der Bus.
Äh, wo sollte ich mich hinsetzen? Das Gefährt war innen
und außen und oben voll bepackt mit Menschen, Hühnern,
Schweinen und Gepäckballen. Ich quetschte mich zwischen
einen Holzschrank und einen Reissack. Zwölf Stunden
schlitterten und schlingerten wir über schlammige Pisten
und unter Wasserfällen durch. Vor einigen Haarnadelkur-
ven, die entlang bemerkenswerter Abgründe führten, muss-
ten alle Fahrgäste aussteigen, weil es zu gefährlich wurde.
Und einmal platzte ein Reifen. Zwei Stunden später ging
es weiter. Es war heiß. Und mir rann der Schweiß von der
feuchten Hitze den Rücken hinunter. Die Wunde an mei-
nem Bein pochte und schmerzte bis in die Schulter.

Endlich hatten wir die Ortschaft erreicht, der Fahrer
hatte mich freundlicherweise vor der Krankenstation ab-
gesetzt. Hoppla! Ich war nicht allein: Eine Riesenschlange
von Menschen, die am Boden kauerten, harrte geduldig vor
der Tür aus.

Für mich war klar: ›Ich kann unmöglich so lange
warten!‹

Also humpelte ich kühn an allen vorbei, beteuerte am
Eingang: »I am insane« und forderte mit Hundeblick, dass
ich sofort behandelt werden muss. Tatsächlich ließ man
mich vor. Der Boden im Behandlungsraum war voller Blut-
flecken. Keimfrei war der sicher nicht. Der Arzt, der herein-
kam, sah höchstens wie zwölf aus. In seinem Milchgesicht
hing lässig eine brennende Zigarette im linken Mundwinkel.
Während er mir den Biss am Bein nähte, rauchte er locker

weiter. Aber: Ich wurde behandelt und das war das Wichtigste. Später musste die Wunde in der Schweiz nachoperiert werden. Aber das ist wieder eine andere Geschichte.

Wichtig war: Ich ließ mich durch kein Hindernis aufhalten. Ich stand für mich ein. Ich war erfinderisch.

Als ich wieder zurück auf meiner kleinen Zauberinsel war, gab es einen neuen Gast: Ein australischer Truckdriver war mit seiner Freundin angekommen. Sein Körper war voller Tattoos und sein Gesicht sprühte vor Groll und Hass. Alle, die ihm in die Quere kamen, beschimpfte er. Alle machte er mit seinem grimmigen Blick nieder. Alle senkten den Blick und gingen ihm aus dem Weg. Ich nicht. Ich hatte vor nichts Angst. Ich strahlte ihn einfach an. Ohne Scheu. Dann grüßte ich ihn freundlich. Jeden Tag. Nach vier Tagen war er geschmolzen und grüßte ebenfalls jeden freundlich!

Ich weiß heute noch, wie sich das damals anfühlte: Ich strotzte vor Energie. Ich war wie ein kleines leuchtendes Kraftwerk und versprühte diese unglaubliche feurige Stärke, »solar power«. Diese Kraft kam aus einem Gefühl, dass mich nichts, einfach gar nichts aufhalten kann. Rückblickend würde ich sagen:

Ich war einfach ungebremst ich selbst.

Aus der Distanz des Coaches nenne ich das heute »wild authentisch«. »Wild« ist kein Synonym für »rebellisch«. Rebellisch hat etwas mit Unreife zu tun. Und Authentizität hat nicht unbedingt mit Reife zu tun. Sie entsteht, wenn man bei sich ist. Wahre Persönlichkeit entsteht, wenn man bei sich angekommen ist. Ich war damals jedenfalls jung, ungestüm, unfertig und ungezielt. Ich hatte ganz vieles noch nicht verstanden.

Aber diese wilde Kraft, ein Nein oder ein Hindernis niemals zu akzeptieren, füllte mich aus und machte mich unerschrocken. Sie half mir, für mich einzustehen. Nicht mit Trotz oder Widerstand um des Widerstandes willen, sondern mit Einfallsreichtum – und manchmal sogar mit Charme.

Ich würde mir wünschen, dass Menschen viel mehr für sich beherzt einstehen. Gerade Frauen. Denn wir trauen uns das viel zu wenig. Warum nur?

So klein

Rollo Reece May, ein existenzialistischer Psychologe, brachte es auf den Punkt: »Das Gegenteil von Mut ist nicht Feigheit, sondern Konformität.« Ich stelle immer wieder fest, dass gerade Frauen viel zu wenig wagen, zu sich selbst zu stehen. Sie passen sich lieber an, denn sie fürchten, nicht gemocht zu werden.

Schließen Sie einmal Ihre Augen und überlegen sich: Wann haben Sie sich mal erhoben, haben das Wort ergriffen, als niemand sonst das tat? Wann sind Sie aufgestanden und sind für sich, für jemand anderen oder eine Sache eingestanden, als niemand sonst sich traute? Wie fühlte sich das an, als Sie das taten und die Sicherheit hatten: »Hey, ich bin richtig. Ich bin genug!«

Viele Frauen haben das Gefühl, nicht zu genügen. Wir glauben, nicht wertvoll genug zu sein, wenn wir »nur« sind, was wir sind. Wir glauben auch, dass wir zu ängstlich sind, um für uns selbst einzutreten. Wir glauben, wir brauchen den Schutz und Rückhalt der anderen, um zu bestehen. Also tun wir alles, damit sie uns mögen. Und die sicherste Variante, gemocht zu werden, ist, so zu sein, wie die anderen es erwarten. Wir wollen dazugehören. Deshalb zwingen wir uns selbst in die Konformität und unterdrücken alles in und an uns, was scheinbar nicht dazu passt. Doch dadurch ist es ja nicht weg ...

Zur Persönlichkeit werden

Sie können erst nachhaltig glücklich werden, wenn Sie Ihr Eigenes zum Ausdruck bringen. Ganz einfach. Aber natürlich nicht so leicht. Und ohne Sie zu kennen, weiß ich, dass Sie viel mehr sein können, als Sie heute glauben. Denn erst wenn Sie sich erlauben, so zu sein, wie Sie sind, werden Sie Ihre gesamte Kraft und Ihre wundervollen Talente in die Welt bringen können. So werden Sie zur Persönlichkeit.

Niemand kommt als Persönlichkeit auf die Welt. Wir werden erst auf unserem Weg dazu. »We become.« »Wir werden.« Erst durch all die Erfahrungen, Hindernisse, Wunden und Narben, die wir im Laufe der Jahre abbekommen, wird der Diamant (der Sie zweifelsohne sind) geschliffen und zum Leuchten gebracht. All Ihre Ecken, Kurven und Kanten, die so zutage treten, gehören zu Ihnen und machen Sie aus.

Dasselbe gilt für unsere Wünsche, auch die schrägsten. Sie sind Teil dessen, wie wir unser Selbst ausdrücken. Erst wenn wir sie wahrnehmen, ernst nehmen und umsetzen, fühlen wir uns lebendig.

Wir sehnen uns alle nach »mehr Leben«.

Dieses »Mehr« an Leben, das wir uns wünschen, findet weder in der operativen Hektik des Alltags noch in der Ereignislosigkeit der Komfortzone statt. Es findet in den Emotionen statt – und zwar in den echten. Diese Emotionen entstehen aus der Magie. Wir sehnen uns nach magischen Momenten, in denen wir uns frei und lebendig fühlen.

Solche Magie können Sie mit ganz einfachen Mitteln in Ihr Leben bringen. Ich nehme mir oft eine halbe Stunde Ferien und gehe mittags im See schwimmen. Sogar im Winter, auch wenn das Schwimmen dann nur ein Eintauchen wie in ein Eisbecken ist. Oder ich arbeite von sechs bis neun Uhr morgens, gehe zwischendurch in der Sonne Ski laufen und dann arbeite ich weiter. Jetzt sagen Sie vielleicht: »Ich habe keine Skipiste in der Nähe.« Aber darum geht es nicht. Es geht darum, das Privileg zu nutzen, etwas zu tun, das Sie lieben und so das Leben zu spüren. Sich die Erlaubnis zu geben, das zu tun, worauf Sie Lust haben.

Ich habe vor vielen Jahren mal in Kopenhagen einen Typen gesehen, der mit aufgesetzter Sonnenbrille und aufgeklapptem Cabriodach durch den strömenden Regen fuhr, als wäre es strahlender Sonnenschein. Ich sah, wie andere den Kopf darüber schüttelten, aber ich fand das einfach unwiderstehlich und großartig. Also habe ich mir daran ein Beispiel genommen und mache das bis heute immer mal wieder, einfach nur, um den Wind in meinen Haaren, die Regentropfen auf meinem Gesicht, die Elemente mit meinem Körper zu fühlen. Das ist wundervoll.

Wenn Sie sich aus der fesselnden Konformität lösen, öffnen Sie die Tür zum Leben. Das heißt aber nicht, dass Sie Ihren Alltag hinschmeißen müssen. Im Gegenteil.

Radikal – muss nicht sein

Regeln und Normen bestimmen unser Zusammenleben: Das macht man, das macht man nicht. Positiver ausgedrückt heißen diese Normen Kultur. Sie bedeutet auch nichts anderes, als sich genau so zu verhalten, wie es die Normen vor Ort vorgeben: So machen wir es hier.

Jeder von uns lebt in einem kulturellen Kontext. Wenn Sie diesem Kontext nicht entsprechen, gehören Sie nicht dazu. Der Kontext fällt Ihnen oft erst auf, wenn ein Fremder dazustößt und sich völlig anders verhält. Diesen kulturellen Kontext gibt es nicht nur in der Gesellschaft im Ganzen, sondern für jeden kleinen Teil. Jede Familie hat ihre eigene Kultur, jede Schule, jedes Ausbildungszentrum, jede Organisation. Und das ist gut so, denn eine gemeinsame Kultur führt zu einem Zugehörigkeitsgefühl. Kultur macht einen Teil Ihrer Identität aus. Deshalb ist sie wahnsinnig wichtig.

Es geht also nicht darum, dass Sie Ihre Kultur samt Haus, Hof und Kinder aufgeben müssen, um glücklich zu sein. Es geht darum, das Bewusstsein für das Eigene zu erweitern. Wenn Sie sich mehr bewusst sind, was für sie passt und was nicht, dann können Sie bewusst entscheiden: Will ich das oder will ich das nicht? Diese bewusste Entscheidung gibt Ihnen die Flexibilität. Ohne dieses Bewusstsein für das Eigene lassen Sie sich von den Kräften der Außenwelt bestimmen. Mit den bekannten Folgen.

Nicht die wilde Rebellion hilft Ihnen, in dieser Welt glücklich zu werden, sondern das Bewusstsein zu sich selbst. Dann können Sie justieren. Und manchmal braucht es sogar nur sehr wenig davon. Und um für das Eigene einzustehen, braucht es eine Entscheidung.

Jetzt ist fertig!

Die meisten Menschen treiben im Strom des Lebens. Ihr Leben läuft in den gewohnten Bahnen weiter. Wenn Sie jedoch daran etwas ändern und dort ankommen wollen, wo Sie hinwollen, müssen Sie eine bewusste Entscheidung treffen. Und sich an diese Entscheidung halten. Ich habe das getan.

Ich war 24 Jahre alt. Ich saß in meiner winzigen Wohnung an meinem wackeligen Küchentisch.

Mein Stiefvater hatte mich rausgeworfen, kaum dass ich 18 Jahre alt war. Wir hatten uns ständig gestritten und er, als der Herr des Hauses, hatte mich vor die Tür gesetzt, sobald es rechtlich möglich war. Zu meiner Mutter war das Verhältnis eh so angespannt, dass sie ihn nicht zurückhielt.

Es folgte eine schwierige Zeit. Meine Hausaufgaben machte ich im Wartesaal des Bahnhofs, weil es der einzige warme Ort war, an dem ich meine Ruhe hatte und weder kämpfen noch für etwas bezahlen musste. Ich schlief bei einer Freundin in einem Zimmer, in dem der Regen durch das Dach tropfte. Später strampelte ich mich mit Jobben ab, um das Geld für eine winzige Wohnung aufzubringen. Ich war an einem dunklen Ort in meinem Leben. Ein paar Jahre voller Kampf lagen hinter mir.

Doch an einem besonderen Morgen war etwas anders. Ich war aufgestanden und wusste: Ab heute war Schluss! Schluss mit Strampeln, Schluss mit Jammern, Schluss mit der Traurigkeit. Ich knallte meine Tasse Hagebuttentee auf den Tisch und sagte mit einer großen Kraft in mir: »Jetzt ist fertig!«

An diesem Morgen schwor ich mir, niemals, nie, nie wieder Opfer der Umstände oder überhaupt in meinem Leben abhängig zu sein. Weder von Menschen noch von Dingen. Diese Haltung habe ich bis heute.

Ich habe schon immer viel gelesen. Damals waren es zwei Bücher, die den Ausschlag gaben, mich so zu entscheiden. Das eine war die Biografie über Matsushita Kōnosuke, dem Gründer von Panasonic. Er wird als eines der bewegendsten Vorbilder der Welt bezeichnet. Er wuchs in Armut auf, begann mit neun eine Lehre, in der er harte Sechzehn-Stunden-Tage arbeitete, erlebte die Weltwirtschaftskrise, die Schrecken des Zweiten Weltkrieges und verlor seine ganze Familie inklusive seines einzigen Sohnes. Er musste so viel durchmachen – und trotzdem ließ er sich nicht unterkriegen, sondern wurde zu einem der erfolgreichsten Unternehmer des 20. Jahrhunderts. Es inspirierte mich, dass man trotz wirtschaftlich schwieriger Zeiten und harter Schicksalsschläge großartige Erfolge erzielen kann, »ungeachtet der Umstände, der Märkte, deiner Eltern, deiner Vergangenheit, deiner Lehrer, deines Umfelds – ungeachtet allem.« Diese Lektion hat mich doch all die Jahre getragen, wenn ich innerlich am Abgrund stand.

Und in einem anderen Buch, von dem ich nicht mal mehr den Titel weiß, las ich:

»*Wem du die Schuld gibst, gibst du die Macht.*«

Das traf mich mit aller Wucht, denn ich machte alle anderen für meine Situation verantwortlich: meine Mutter, meinen Vater, meinen Stiefvater, meine Lehrer, meine Chefs – und oft genug zerfleischte ich mich in Selbstkritik. Erfahrungsgemäß weiß ich, dass viele von Ihnen das auch tun. Bei allem Verständnis: Das hilft nicht weiter. Denn es passieren zwei Dinge:

Erstens geben Sie damit Ihre Kraft aus der Hand. Sie wälzen die Verantwortung auf alle anderen ab. So schwierig das klingt: Sie haben immer die Wahl. Zwischen einem Ereignis und einer Antwort auf dieses Ereignis gibt es einen Raum. Und in diesem Raum können Sie entscheiden, wie Sie handeln. Natürlich ist das nicht einfach. Aber das können Sie üben. Es geht um Reflexion versus Reflex. Es geht um Agieren statt Reagieren. Tiere reagieren grundsätzlich im Reflex: entweder mit Kampf oder Flucht. Sie handeln im Reflex. Und das machen unbewusste Menschen auch. Bewusst agieren heißt innehalten und überlegen, wie Sie handeln wollen. Das ist sehr wertvoll. Zweitens: Ihr Blick fokussiert sich auf das Negative, nicht auf Ihre Optionen. Ihre Energie fließt immer dahin, wo Ihre Aufmerksamkeit ist. Damit verstärken Sie das Negative. Damit stecken Sie fest. Die Macht liegt bei den anderen. Und wer hat denen die Macht dazu gegeben? Sie!

An diesem Morgen am Küchentisch mit der Tasse heißen Hagebuttentees in der Hand war mir klar: Ich wollte die Macht über mich nie mehr aus meinen Händen geben.

> *Ich wollte die Herrscherin über mein eigenes Leben sein.*

Von diesem Tag an war ich es. Ich hatte mich so entschieden. Und mein Leben verbesserte sich dramatisch.

Own your power – beherrsche die eigene Kraft!

Die Energie, die ich vorher in meiner unbändigen Wut gespürt hatte, hatte ein anderes Gesicht bekommen. Gab es immer wieder Momente, in denen ich andere beschuldigte? Ja, natürlich. Aber ich eignete mir unermüdlich an, nach meinem Anteil zu suchen. Je mehr es mir gelang, desto mehr fühlte ich, dass ich die Kontrolle über mein Leben hatte. Jetzt hatte ich erst das Gefühl *to own my power*.

Ich fühlte mich in meiner Kraft und begann bewusst, meinem Leben eine Richtung zu geben. Ich habe mich nicht mehr im Strom des Lebens treiben lassen, sondern das Steuer selbst übernommen. Ja, es machte richtig Spaß und trug

Früchte. Seither lebe ich aus vollem Herzen. Dafür braucht es keine Reichtümer und auch keine große Absicherung. Selbst damals, als meine Mittel noch sehr bescheiden waren, habe ich mir herausgenommen. Ich bin um die Welt gereist. Ich tat, worauf ich Lust hatte. Das gab mir Freiheit und Unabhängigkeit. Darauf wurde ich oft angesprochen, ich wurde beneidet, gerügt oder bewundert. Aber wenn ich die Bewunderer fragte: »Hast du Lust, mitzumachen?«, schüttelten sie meist den Kopf und sagten: »Ich würde ja gerne, aber ich kann nicht.« Warum, wussten sie selbst nicht. Ich habe das nie verstanden. Es gibt keine Grenzen, nur eigene. Und auch die können wir sprengen.

Alles ist möglich, wenn man nur will!

Mit der Entscheidung ist es möglich, die Schuhschachtel zu verlassen. Das gibt Kraft. Mit dieser Kraft können Sie zur Höchstform auflaufen. So einfach ist das. Aber nicht leicht. Ich würde nie behaupten, dass Ihnen Ihr zufriedenes Leben nach der Entscheidung in den Schoß fällt. Meines tat das auch nicht. Das Leben ist ein ständiges Überwinden von Hindernissen. Nur so können wir wachsen. Entsprechend habe ich auch hart dafür gearbeitet. Das fiel mir jedoch leicht, denn ich wusste ja, was ich wollte: Freiheit, Unabhängigkeit, Selbstbestimmung. Ich traf bewusste Entscheidungen. Auch wenn es Opfersituationen gab, wollte ich nie mehr aus der Opferrolle, sondern aus der Kraft agieren.

Mehr als Wachsen

Sie und ich – wir sind lebendige Wesen. Wenn wir nicht wachsen, sterben wir. Im übertragenen Sinne gehen wir zugrunde, wenn wir uns in einem Kokon einrichten und nicht mehr in das Unbekannte vorwagen. Die Magie des Lebens findet außerhalb der Komfortzone statt. Nur dort kommen wir in unsere Größe und werden zu dem, was wir sein können. Dort erfahren wir Erfüllung, erfahren uns selbst und werden die Helden unserer eigenen Welt. Und wenn das fehlt, fühlen wir uns leer. Ich habe das oft erlebt. Als ich mit den Einflussreichen und den Mächtigen der Welt gearbeitet habe, wurde mir nicht selten ein gut gehütetes Geheimnis anvertraut: Hinter dem Glanz und Glamour des Erfolgs stand eine tiefe Leere. Und die Frage: Ich habe alles erreicht – und jetzt? Doch das ist nicht nur das Problem der Superreichen. Es ist die Herausforderung für jeden von uns.

Erfolg macht uns zunächst einmal glücklich: Er bedeutet Fortschritt. Sie erreichen ein Ziel, das Sie sich gesteckt haben. Es geht um Leistung. Darum, besser zu werden. Sie freuen sich, wenn Sie heute etwas besser können als gestern. Dieses Gefühl hält aber nur kurz an, denn dann wollen Sie weiter.

Der Hunger bleibt bestehen.

Wenn wir nachhaltig Erfüllung wollen, geht es um inneres Wachstum. Wenn Sie so gefordert werden, dass Sie über sich selbst hinauswachsen. Und die höchste Form der Erfüllung erleben Sie, wenn Sie einen Beitrag leisten, der nicht nur Ihnen, sondern anderen hilft. Daran wachsen Sie nicht nur, sondern Sie wachsen über sich selbst hinaus. Hier zeigt sich Ihre wahre Größe. Hier werden Sie zur Persönlichkeit.

Vielleicht erinnern Sie sich an die thailändischen Kinder, die mit ihrem Fußballtrainer tagelang in einem Höhlensystem eingeschlossen waren. Für die Taucher, die überall aus der Welt einflogen, war die Rettungsaktion unglaublich schwierig. Sie war lebensgefährlich. Jeder wurde bis zum Äußersten gefordert. Aber es gab ein Happy End. Die Taucher konnten diese gewaltige Aufgabe bewältigen. Alle Kinder und der Trainer wurden gerettet. Als sie es endlich geschafft hatten, hat einer der Taucher gesagt: »Jetzt weiß ich, wozu ich Taucher geworden bin.« Er hatte seinen Sinn gefunden. Und das ist tief bewegend.

Wenn wir über uns hinauswachsen und damit sogar noch zum großen Ganzen etwas beitragen können, erfüllen wir unsere Mission.

Ich habe selbst einmal so eine Situation erlebt, aber davon möchte ich Ihnen in einem späteren Kapitel erzählen.

Seit meiner Entscheidung am Küchentisch vor vielen, vielen Jahren bin ich wahrhaft gewachsen. Ich bin dankbar, dass mir sehr vieles gelungen ist. Es gab viele Meilensteine. Es gab viele Erkenntnisse. Und es gab viele Durchbrüche. Zu wachsen und zu werden hört jedoch nie auf. Erst mehrere Jahre nach diesem denkwürdigen Morgen an meinem Küchentisch habe ich verstanden, dass viele Menschen sich genau wie ich fühlen: wie von einem anderen Stern.

»You are all …«

Ich sitze in einem völlig abgedunkelten Theaterraum in Hollywood. Fenster gibt es keine. Die roten Polster der Zu-

schauersessel sind abgewetzt ich fühle es mehr, als dass ich es sehe. Rund um mich herum sitzen die übrigen Teilnehmer des Dramaturgiekurses.

Ich will endlich verstehen, was es heißt, auf der Bühne zu stehen, Vorträge zu halten und wie ich die Zuhörer bewegen kann. Ich bin vor einiger Zeit eher zufällig in diese Rolle gekommen und habe schnell gemerkt: Wenn ich nur mein Wissen vermittle, bewegte das keinen. Aber was soll ich sonst vermitteln? Worum geht es? Wie kann ich das Publikum begeistern?

Heute steht auf der Bühne vor uns im gleißenden Scheinwerferlicht: David Strasberg, der Sohn des begnadeten US-amerikanischen Theaterregisseurs und Schauspiellehrers Lee Strasberg. Wie ein Racheengel baut er sich auf und donnert auf uns herunter: »You are all misfits. That is why you are here!«

»Ihr seid alle Außenseiter!« *Dieser Satz trifft mich wie ein Faustschlag in die Magengrube. Es ist, als füllte die Dunkelheit im Raum auch mein Inneres aus. Für einen Moment ist alles schwarz. Mir kommen die Tränen. Bingo! Strasberg hat ins Schwarze getroffen. Das ist meine Lebensbaustelle. Ich gehöre nirgends hin. Ich habe noch nirgends meinen Platz gefunden.*

Aber dieser Augenblick währt nur kurz, dann kommt mir die Erhellung: Ich habe plötzlich verstanden. Wir können nicht in die Box passen und gleichzeitig herausragend sein.

Schauspieler sind im Kino die Helden. Nicht weil sie die perfekten Menschen darstellen, die alles wissen und alles können. Nein, Helden sind die, die verwundbar sind. Es sind die, die sich gegen alle Widrigkeiten durchringen, die Hindernisse überwinden, die kämpfen müssen. Sie sind Helden, weil sie menschlich sind. Weil sie die Konformität der Box verlassen, weil sie ihren Platz erobern müssen und weil sie nie aufgeben. Und weil sie dabei Herausragendes leisten, daran wachsen und dabei neue Kräfte entfesseln.

Bob McKey, ein Hollywood-Scriptwriter, bei dem ich lernen durfte, hat mir mal gesagt: »Wir gehen ins Kino, weil wir dort Antworten auf das Leben bekommen. Und weil wir uns mit den Helden identifizieren, nicht mit den braven Konformen. Sondern mit den Außenseitern, die wie wir tagtäglich kämpfen müssen.« Sie kämpfen dabei gegen die Zeit, gegen die Umstände, gegen Autoritäten, gegen die Liebsten und auch gegen sich selbst, wenn sie geplagt sind von Selbstzweifeln und Selbstkritik. Ich habe endlich verstanden: »Außenseiter und herausragend zu sein, ist nichts Schlechtes.«

Nur »Außenseiter« haben das Potenzial, zum Helden zu werden.

Das heißt: zu sich selbst zu werden. Weil ihnen nichts zufliegt, sondern weil sie kämpfen müssen. Und in diesem Kampf können sie Kräfte entfesseln, die der Angepasste nie entwickeln kann. Endlich verstand ich, dass mein jahrelanger Kampf, mich in die Schuhschachteln meines Umfelds zu pressen, vergeblich sein musste. Er war sogar völliger Unsinn. Warum nahm ich mich nicht an, so wie ich war, wenn es das war, was mich herausragend machte?

Das gilt im Leben und das gilt auch auf der Bühne: Sie können nur groß sein, wenn Sie sind, wer Sie sind. Kein Abziehbild, kein Erwartungserfüller, keine Rolle. Nur Sie. Und das in voller Größe. Leonard Cohen singt es so schön: »Forget your perfect offering. There is a crack in everything. That's how the light gets in.«

Viele Frauen streben nach dem Perfekten, weil sie erwarten: Wenn wir perfekt sind, werden wir angenommen. Nein! Ihre Eigenheiten, Ticks und vermeintlichen Unzulänglichkeiten sind wichtige Teile von Ihnen. Das macht Sie liebenswürdig. Das macht Sie aus. Auch Ihre Narben, Ihr Schmerz und Ihre Wettergerbungen, die Sie im Lauf der Jahre durch die Stürme des Lebens erhalten haben, machen Sie zu dem, was Sie sind. Es sind die Risse, durch die das Sonnenlicht durchflutet und unser Inneres zum Strahlen bringt. Solange wir uns dem verschließen, was uns besonders macht, dringt kein Licht in diese Dunkelheit. Diese innere Dunkelheit zieht uns herunter, hält uns nieder. Sie drückt uns auf die Seele, so als hätte uns jemand den Fuß auf die Brust gestellt, während wir auf dem Rücken am Boden liegen. Wir bleiben niedergedrückt und schwach.

Wir werden dann angenommen, wenn wir uns trauen, so zu sein, wie wir sind. Das beinhaltet, jeden Schmerz, jede Wunde, jede Narbe nicht zu verdrängen, sondern in unsere Biografie zu integrieren.

Sie sind wertvoll! Zu sein und zu werden, wer wir sind, mit all unseren vermeintlichen Irrtümern, ist nichts Negatives, sondern die Voraussetzung für Außerordentliches. Es ist nicht Last, sondern Chance. Wenn Sie also mal innerlich am Boden liegen, denken Sie an die Risse und das Sonnenlicht, stehen Sie auf und erheben Sie sich zu Ihrer wahren Größe.

5. Salsa, baby! Aus voller Kraft weiblich sein

Musik ist für mich der Rhythmus des Lebens. Und Tanzen ist für mich Lebendigkeit und Leidenschaft. Ich habe schon immer getanzt. Noch bevor ich laufen konnte! Mit vier Jahren bin ich dann in eine Ballettschule gesteckt worden, weil ich einfach keine Ruhe gab. Mit zwölf durfte ich zum Modern Dance, bis ich mit 24 mit Salsatanzen begonnen habe. Salsa ist großartig! Salsa ist Energie! Salsa ist Freude! Und Salsa ist Ausdruck der Weiblichkeit und der Männlichkeit. Beim Salsa gibt es klare Rollen: die Vollblutfrau und den Macho. Wenn Aretha Franklin singt »You make me feel like a natural woman«, beschreibt sie mein Gefühl, wenn ich Salsa tanze. Dabei kommen alle Facetten zum Ausdruck: das Leichte und das Freudige, aber auch das Feurige, Unbändige. Und dann wieder das Leise, Sanfte. Und manchmal sogar das Traurige. Salsa heißt übersetzt »Sauce«. Und genau das begeistert mich so daran: Der Tanz ist ein Mischung aus vielen Stilelementen. Aus dieser Unterschiedlichkeit ergibt sich ein brodelndes, energiegeladenes, fantastisches Ganzes.

> *Deshalb ist Salsa wie eine Vollblut-Frau:*
> *ganz verschieden, ganz eines.*

Salsa hat etwas sanft Fließendes. Er hat aber auch die wilden afrikanischen Rhythmen und den Schwung des 50er-Jahre-Big-Band-Jazz. Er ist vielschichtig und doch einfach. Und als Tänzerin kann man alles sein: sanft und temperamentvoll, stark und anschmiegsam, sinnlich und unnahbar. Und voll Energie.

Ich kann noch so abgekämpft zur Tanzstunde kommen, hinterher fühle ich mich wie neu aufgeladen. Wenn ich Salsa tanze, ist das Lebensfreude pur.

Die Weiblichkeit zelebrieren

Schon in den 1960er Jahren gab es großartige Beispiele für Vollblut-Frauen in der Filmbranche: Sophia Loren, Claudia Cardinale, Grace Kelly und Audrey Hepburn. Das waren meine ganz persönlichen Heldinnen. Sie gefielen mir besonders, weil sie ihre Weiblichkeit zelebrierten. Sie hatten keine Angst davor, sich zu zeigen, weder körperlich noch im Verhalten. Sie waren ganz bei sich, sie waren unglaublich sinnlich, atemberaubend und unbeugsam. Sie verkörperten Emotionen – und Emotionen sind der Zugang zum Leben.

Auf der anderen Seite stehen sie für Zeiten, in denen Frauen in vielen Ländern noch kein Wahlrecht und das Heimchen am Herd zu sein hatten. Dennoch hat mich diese Kraft, die sich in ihrer eindrücklichen Weiblichkeit zeigte, schon immer fasziniert – die Hochachtung gegenüber dem eigenen Körper eingeschlossen.

Jede war auf ihre Art sehr stark.

Die Hochachtung gegenüber dem eigenen Körper wurde mir auch quasi in die Wiege gelegt. Meine Mutter war Asiatin und in ihrer Kultur gehört es einfach dazu, für seinen Körper Sorge zu tragen. Wenn Sie mal auf die Philippinen kommen, achten Sie darauf: Der Körperpflege wird viel Wichtigkeit zugesprochen Die Fingernägel sind top maniküft, die Füße gepflegt, die schönen Haare hingebungsvoll frisiert. Dieses Zelebrieren der Weiblichkeit finde ich wichtig.

Obwohl wir wenig Geld hatten, war es ein komplettes No-Go, die Körperpflege zu vernachlässigen. In meiner Familie war die Körperpflege sogar ein wichtiges Ritual. Wenn ich bei meiner Mutter war, musste ich zweimal am Tag duschen. Und das in einer Zeit, in der es in meinem Dorf noch üblich war, bestenfalls einmal in der Woche zu baden. Zu dieser Zeit war ich wild, kletterte auf Bäume und trug Kleider und Haare wie ein Junge. Leider waren meine Haare auch wie die eines Jungen: Meine Pflegemama schnitt mir die Haare ab, weil es einfach viel praktischer war. Meine schönen Haare! Haare galten in Asien als Zeichen der Weiblichkeit. Und dieses Zeichen war weg! Ich hätte oft versinken können vor Scham.

Der Palast

Das Verhältnis zum Körper und der Umgang damit ist stark abhängig von der Kultur. Ich würde mir für viele Frauen wünschen, dass sie ihren Körper annehmen und ihm mehr Liebe zuteilwerden lassen. Ich spreche vor allem von den Ländern, wo das möglich ist. Schließlich ist es, wie der spanische Gelehrte Abraham ibn Esra vor tausend Jahren gesagt hat: »El cuerpo es el palacio del alma.« – »Der Körper ist der Palast der Seele.«

Ein Grundbedürfnis des Menschen ist die Integrität des Körpers. Dazu gehört es, ein gutes Körpergefühl zu haben.

Was ist schöner, als sich wohlzufühlen in seiner Haut? Frau zu sein hat sehr viel damit zu tun, zu seinem Körper zu stehen und ihn zu zelebrieren. Wenn Sie ein gutes Verhältnis zu Ihrem Körper haben, spürt Ihr Umfeld das auch in Ihrer Ausstrahlung.

Es geht hier nicht um eine aufgesetzte Sexyness, sondern um eine natürliche, attraktive Weiblichkeit. »Attraktiv« kommt vom lateinischen Wort »attrahere – anziehen«. Nichts ist attraktiver, als wenn jemand bei sich selbst ist.

Anziehend wirken Sie dann, wenn Sie bei sich sind.

Es geht auch nicht darum, sich einfach den vermeintlichen Erwartungen und Schönheitsidealen anzupassen. Das Resultat würde misslingen und wirkt schnell unecht oder gar ordinär.

Die eigentliche Strahlkraft kommt von innen. Wenn Sie bei sich sind und sich von den äußeren und vor allem von den inneren Kritikern nicht beirren lassen, starten Sie Ihr inneres Feuerwerk. Dann beginnen Sie zu leuchten.

Sich selbst zu akzeptieren, zu pflegen, zu achten und zu zelebrieren, hat nichts mit Inszenierung zu tun, sondern mit Haltung, Freude, Energie. So wie Salsa.

In diese Kraft kann jede Frau kommen, auch Sie. Sie wissen es schon. Aber ich möchte Sie daran erinnern: Es ist so egal, ob Sie groß oder klein, dick oder dünn, blond oder dunkelhaarig sind. Wenn Sie vollen Herzens Ja zu sich sagen, zu sich selbst und zu Ihrem Körper, zu Ihrer Einzigartigkeit, sind Sie attraktiv. Dann können Sie das Beste aus sich machen und Ihre Weiblichkeit zum Strahlen bringen.

Nur Vorsicht: Ganz bei sich zu sein, bedeutet nicht, sich selbstzufrieden zurückzulehnen und mit der Ausrede »Ich bin halt so« vor sich hin zu dümpeln. Im Gegenteil, es heißt, aus sich selbst die Energie zu bekommen, um weiter zu wachsen, die Lust zu haben, immer besser und schöner zu werden und damit im Ausdruck Ihrer selbst zu sein.

Sei Wildblume!

Aus voller Kraft Frau zu sein, bedeutet für mich, sich zu entdecken und lernen, zu sich zu stehen. Damit umzugehen und sich sogar zu lieben, genauso wie man gewachsen ist. Ich jedenfalls habe da einen langen Weg hinter mir ... und habe immer eine Wildblume vor Augen: Sie ist gewachsen, wild und nicht nach einem Schema – und sie ist wunderschön. Sicher haben auch gezüchtete Blumen ihren Reiz, aber bestechend und hinreißend sind doch jene, die einfach sind und strahlen. Vielleicht ist keine von ihnen perfekt, aber alle sind vollkommen.

Und vor allem sind sie viel stärker, als sie aussehen.

Ich bin sauer. Ich bin wirklich sauer. Wie kann dieser Mensch es wagen? Er hat von meiner Mitarbeiterin verlangt, ihm meinen Business-Plan für den VIP-Club, den ich für eine Bank aufbaute, auszuhändigen. Sie hat sich geweigert und erwidert, dass sie ihm das Dokument leider nicht geben kann, weil es vertraulich ist. Und dann hat er sie niedergemäht.

Als ich ins Büro komme, erzählt sie mir unter Tränen von der Szene. Ich bebe vor Wut. Das kann und will ich so nicht stehen lassen. Ich drehe mich auf dem Absatz um und stapfe in das Großraumbüro hinüber, in dem er sitzt. »Er« ist aus der zweiten Führungsstufe eines ganz anderen Bereichs, also ein »hohes Tier«, aber das ist mir völlig egal.

Ich rausche an den vielen Schreibtischen vorbei, direkt

auf seinen Platz zu. Viele Köpfe drehen sich zu mir um, doch ich habe nur diesen Menschen im Visier.

Noch bevor ich seinen Tisch erreiche, bricht es aus mir heraus. Ich brülle ihn aus voller Lunge an: »*Was fällt Ihnen eigentlich ein, meine Mitarbeiterin niederzumachen, wenn sie Ihnen nicht so mir nichts dir nichts vertrauliche Dokumente übergibt? Ja, geht's noch?*«

Spätestens jetzt habe ich die Aufmerksamkeit von allen in diesem riesigen Raum. Ich bin in dem Moment nicht stolz auf mich. Es gehört nicht in mein Konzept zum Umgang mit Menschen, dass ich laut werde. Aber ich bin ganz bei mir. Meine Wut kommt aus der tiefsten Tiefe mit aller Kraft.

Mein Gegenüber reißt erschrocken die Augen auf und schnappt nach Luft. Er hat meiner Wucht nichts entgegenzusetzen.

Was mich später völlig überrascht: Das ist der Wendepunkt in meiner Anerkennung im Haus. Der Respekt, der mir nachher von allen Seiten entgegenschlägt, ist enorm.

Wenn Frauen sich durchsetzen wollen, dann können sie es. Sie müssen dafür nicht laut werden wie ich in der Szene. Sie setzen einfach ihre Energie ein und bieten die Stirn. Sie bringen alle ihre Facetten zum Tragen, auch die temperamentvollen. Das bedeutet nicht, dass wir hysterisch werden oder männlich auftreten. Wir schöpfen einfach aus unserer vollen Kraft.

In meiner Zeit im Investmentbereich war ich leidenschaftlich engagiert. Meine männlichen Kollegen haben oft gelacht und gesagt: »Nicole, sei nicht so emotional.« Aber die gleichen Männer sind nachher in mein Büro gekommen und haben sich Rat bei mir geholt. Und das war auch gut so, denn es braucht so viel mehr weibliche Kraft in dieser Welt – Ihre Kraft.

Mehr Frauen braucht das Land

Wir leben im Zeitalter der Technologie und der Entgrenzung. Wir können alles digitalisieren. Dabei wird das Nicht-Digitalisierbare immer wertvoller. Wir können mit der Technologie auch vieles hyperpersonalisieren und -individualisieren. Während wir früher in Gemeinschaften hineingeboren worden sind und unsere Individualität suchen mussten, werden wir heute als Individuen geboren und müssen unsere Zugehörigkeit erst suchen. Immer mehr werden die Einsamkeit und das Gefühl des Verlorenseins in den unendlichen Weiten der grenzenlosen Skalierung zum Problem, weil wir uns nirgends mehr in einer überschaubaren Gemeinschaft aufgehoben fühlen.

Die Menschen fühlen sich verloren.

Dieses Problem wird auch erkannt: Manche Staaten haben schon einen Happiness-Minister eingesetzt. Manche Länder erproben Ansätze, dieser Einsamkeit durch Gemeinschaftsmodelle entgegenzuwirken. Denn der Mensch ist und bleibt ein soziales Wesen. Auch wenn die Technologie sich rasant verändert: Die Bedürfnisse der Menschen sind wie vor tausenden von Jahren. Wir brauchen ein Gefühl des Gehalten-Seins. Wir benötigen Beziehung, Sinn und Orientierung. All dies finden wir im Gegenüber.

Kein Mensch kann ohne das Gegenüber überleben. Aus diesem Grund sind die weiblichen Qualitäten gefragter denn je. Und das wird sich noch verschärfen. So sagte der berühmte Zukunftsforscher John Naisbitt vor vielen Jahren schon: »Je mehr Hightech wir haben, desto mehr Hightouch brauchen wir.«

Menschliches Können wird die größte Herausforderung

unseres Jahrhunderts. Weiche Faktoren sind die harte Währung der Zukunft.

> *Frauen können mehr denn je die Heldinnen der Zeit sein.*

Dafür müssen sie nicht die ganze Welt verändern, auch wenn sie es könnten. Aber sie müssen ihre eigene Welt ändern, um das zu entfalten, was sie in sich haben: ihre wunderbaren weiblichen Talente. Ihr weibliches Potenzial. Ihre weibliche Kraft. Dann erst können sie die eigene Größe und das, wozu sie fähig sind, zum Ausdruck bringen.

Dazu brauchen wir unbedingt auch die Rahmenbedingungen. Meines Erachtens wird das Wort oft missverstanden.

Chance statt Gender

Wenn ein Großkonzern beschließt, sein Wording zu ändern und seinen Mitarbeiterinnen und Mitarbeitern vorschreibt, dass sie möglichst immer das »Neutrum« verwenden sollen, Unisex-Toiletten eingeführt werden sollen, um die Diskriminierung zu mindern, ist das für mich nicht unbedingt der richtige Ansatz.

Für mich bedeutet Gleichberechtigung nicht Gendergleichheit, sondern Chancengleichheit. Wir brauchen beide Weisheiten am Tisch: die männliche und die weibliche. Dafür gilt es, genau diese Unterschiede zu erkennen und zu zelebrieren. Um von den Qualitäten der Frauen – auch an der Spitze – zu profitieren, sollten Frauen bleiben. Ich würde mir wünschen, dass Frauen nicht männliche Strategien übernehmen, um voranzukommen. Das hilft uns nicht weiter. Es hat auch nichts mit Emanzipation zu tun, sich ab heute von Männern nicht mehr die Türe aufhalten oder in den Mantel helfen zu lassen. Das dürfen und können Frauen mit Freude und mit im wahrsten Sinne des Wortes Selbstbewusstsein annehmen. Wir müssen nicht hart wie Stein sein. Die weibliche Kraft ist wie die des Wassers: weich und kraftvoll zugleich. Um Chancengleichheit zu leben, müssen wir den Unterschieden gerecht werden. Entsprechend brauchen wir unterschiedliche Ansätze.

Und wir müssen nicht warten, bis Unternehmen das umgesetzt haben. Wir Frauen können auch anfangen.

Niemand anderes macht das für uns.

Tatsache ist, dass wir viel mehr Frauen in den Unternehmen und in der Gesellschaft brauchen, die die Geduld über Bord werfen, sich in ihre Größe stürzen und nicht auf Chancen warten, sondern selbst Chance sind. Ich wünsche mir viel mehr Frauen, die einfach ihr Ding machen, andere Menschen mit ihrer Energie anstecken und damit ein starkes Vorbild sind, nicht nur für Frauen, sondern für alle. Wir haben über Jahrtausende Gemeinschaften zusammengehalten. Und im Zeitalter der Technologie brauchen wir mehr denn je diese weiblichen Anteile, die uns beziehungsorientiert und mehr kooperativ statt kompetitiv handeln lassen. Darin liegt die Kraft, die (nicht nur) uns Frauen zu Heldinnen macht.

Ich zeig's allen!

Als ich in der Finanzwelt arbeitete, habe ich sehr viel Gegenwind bekommen. Ich weiß nicht mehr, wie oft ich nach Hause gegangen bin und geflucht habe: *»Ihr könnt mich alle* *mal!*« Und am nächsten Morgen bin ich aufgestanden und habe gedacht: »*Ich zeig's allen! Jetzt erst recht!*

Natürlich waren kindlicher Trotz, Verletzung und Wut dabei! Wie ein Vulkan quoll da eine unermessliche Kraft hervor. Ich weigerte mich einfach, mich entmutigen zu lassen. Ich wollte mich nicht niedermachen zu lassen. Das entfesselte unglaubliche Kräfte. Sie müssen ja nicht trotzen. Aber auf den Hinterbeinen stehen! Die Stirn bieten! Weitermachen! Gegen alle Widrigkeiten! Das geht! Und zwar hervorragend. In dieser Kraft haben mein Team und ich einen riesigen Change-Prozess einer ganzen Bank losgetreten.

Ich bin neu in meiner Position als Marketingleiterin dieser hochangesehenen Privatbank. Und ich bin ungestüm und extrem zielorientiert, aber noch jung und von Taktik habe ich keine Ahnung. Gleich bei meinem ersten Auftritt vor der Geschäftsleitung, drei Monate nach meiner Einstellung, trete ich mit meiner Unverblümtheit in einen Riesenfettnapf. Ich habe die Situation sorgfältig und intensiv analysiert und brenne darauf, meine Ergebnisse zu verkünden. So sage ich stolz und direkt heraus: »Meine Herren, wir sind in einer dicken Krise!«

Auf dieses Statement hin bekommt die Geschäftsführung selbst die Krise und fragt sich: »Ja, spinnt die eigentlich, so etwas zu behaupten?«

Es herrscht zwei Wochen lang wilder Aufruhr, bis der CEO zu mir kommt und sagt: »Frau Brandes, beweisen Sie uns das. Sie haben 48 Stunden Zeit.«

48 Stunden? Erst denke ich, dass das ein Witz ist. Ich habe keine Mitarbeiter. Das alte Marketingteam habe ich bei meiner Einstellung im Auftrag des CEO entlassen. Offiziell bin ich dafür verantwortlich. Ein perfekter Einstieg, um sich Freunde zu machen... Es sind also alle in der Bank ohnedies gegen mich: Schließlich habe ich ihre netten Kollegen gefeuert.

Ich stehe jedenfalls alleine da und habe keine Ahnung, wo ich anfangen soll. Jetzt brauche ich genaue Zahlen und Hilfe bei der Recherche. Das Einzige, was ich weiß, ist, dass die Unterlagen über das Marketing der letzten Jahre im Keller stehen. Da steige ich also hinunter und wanke mit den Armen voll Ordner und Spinnweben im Haar wieder nach oben.

Vorher habe ich noch Klaus – einen externen Analysten, den ich von früher kenne – angerufen und gefragt, ob er mir helfen kann. Er ist ein Bär von einem Mann und hat ins Telefon gebrummt: »Na klar, Nicole. Ich komme.« *Jetzt steht er in der Tür, grinst mich an, schaut auf die Berge von Ordnern und fragt:* »Wie lange haben wir denn Zeit?«

So gleichmütig wie möglich sage ich: »48 Stunden.«

Ihm fällt die Kinnlade herunter. Dann schüttelt er den Kopf und sagt: »Nicht dein Ernst.«

»Doch«, *antworte ich und wiederhole:* »Du kannst auch in der Nacht arbeiten.«

Er schluckt, nickt und sagt: »Na, dann fangen wir mal an. Das werden wir schon schaffen.«

Und tatsächlich: Nach 48 Stunden steht er wieder in meiner Tür. Er hält freudestrahlend einen riesigen Berg Computerausdrucke hoch. »Ich hab's gefunden.« *Stolz legt er den Berg auf meinen Schreibtisch. Die Art von Ausdrucken, bei der ein Blatt an dem anderen hängt, so dass sich eine endlose Schlange ergibt.* »Hier hast du die Antwort.«

Ich schaue ihn an und sage mit italienischer Geste untermalt: »Äh, was genau hast du gefunden? Übersetz mir diese tausend Daten!«

»Die Fehler in der Marktforschung«, *antwortet er und erklärt, wo der Hund begraben lag: die falschen Fragen, das falsche Zielpublikum und so weiter. Die Kampagne ist ins Leere gelaufen. Vor Glück falte ich den mehrere Meter langen Ausdruck auseinander, wickle mich in das Papier ein und mache darin ein Tänzchen.*

»Danke, Klaus«, sage ich schließlich. »Jetzt weiß ich, was ich dem CEO dazu im Detail erzählen kann. Das werde ich der Geschäftsführung zusammen mit den Ergebnissen der Studie unterbreiten.«

Parallel habe ich eine Marktforschungsstudie bei den Kunden in Auftrag gegeben. Die Expertin, die ich dafür an meiner Seite habe, ist eine groß gewachsene Deutsche, eine Kettenraucherin mit Mireille-Mathieu-Frisur in blond. Die ist über die Ergebnisse entsetzt.

Sie spricht im Stakkato, weil sie zwischen den Worten immer wieder nervös an ihrer Zigarette zieht: »Frau Brandes ...«, ein tiefer Zug, »... solche miserablen Resultate ...«, ein verzweifelter Zug, »... habe ich noch nie erlebt. Das ist ...«, noch ein tiefer Zug, »... ja furchtbar!«

Ich aber antworte: »Hurra, hurra! Das müssen wir der Geschäftsleitung präsentieren. Das beweist, dass ich mit meiner Einschätzung richtig liege. So können wir nun Maßnahmen zur Veränderung ergreifen.«

Mireille Mathieu ist noch entsetzter. Sie tigert im Raum auf und ab, schüttelt ihre Helmfrisur und stößt zwischen den hektischen Zügen an ihrer Zigarette die Worte aus: »Ich kann das ... dieser Geschäftsleitung ... unmöglich sagen. Das sind ... vernichtende Resultate.«

»Doch, das können Sie«, sage ich beruhigend. »Nur eines können Sie nicht: vor der Geschäftsleitung rauchen.«

Das tut sie dann auch nicht, als wir das Besprechungszimmer betreten. Doch sie kann es sich nicht verkneifen, ihre Präsentation im flehenden Unterton mit dem Satz einzuleiten: »Don't shoot the messenger!«

Natürlich ist keiner begeistert, die Wahrheit, die wir zu Tage gefördert haben, zu hören. Selbstverständlich schlägt mir viel Ablehnung entgegen. Aber der CEO gibt mir nach dieser Sitzung die Carte blanche, um eine neue Corporate Identity zu entwickeln.

Mit der Hilfe meines neuen Teams und des Strategiebe-

raters der Geschäftsleitung arbeiten wir unter Hochdruck und beginnen einen internen Prozess, der die gesamte Belegschaft der Bank involviert. Wir arbeiten an der Vision, der Mission, den Werten, der Corporate Identity und einer neuen Werbekampagne. Vorstellen wollen wir das Ergebnis bei einem Großevent für alle Mitarbeiter in einer riesigen Industriehalle. Vorher verdamme ich alle Abteilungen dazu, einen Beitrag für die Veranstaltung zu erarbeiten.

Ich schwitze bei der Vorstellung davon, denn es ist wie eine wichtige Premiere eines Theaterstücks, bei dem ich die Regisseurin bin und mit den Schauspielern nie proben konnte! Für diesen Auftrag schlägt mir blanker Widerstand entgegen. Ich habe eh keine Verbündeten, weil ich diejenige bin, die Leute entlässt und nichts als Staub aufwirbelt. Und jetzt will ich auch noch, dass sie irgend so einen Mist vorbereiten, der sie nicht interessiert und in dem sie keinen Sinn sehen.

Entsprechend bekomme ich jede Menge wütender E-Mails, während ich und mein Team schuften wie die Irren, um die neue Identität der Bank und die Veranstaltung zu einem Erfolg zu machen. Bei jeder dieser E-Mails sinkt mein Mut, denn wenn es schiefgeht, werde ich gelyncht. Aber im nächsten Augenblick denke ich: ›Ich ziehe das durch.‹

Dann ist es so weit: Der Tag ist gekommen. Der Einlass ist für 17.30 Uhr angesetzt. Meine eigene Präsentation ist noch nicht fertig, obwohl wir Tag und Nacht gearbeitet haben, aber das hilft jetzt nichts.

Um kurz nach 16.00 Uhr bitte ich eine meiner Mitarbeiterinnen: »Schau doch mal nach, ob überhaupt schon jemand da ist.«

Ich habe schreckliche Angst, dass niemand kommt. Vielleicht boykottieren alle meine Veranstaltung. Und dann? All unsere gigantischen Anstrengungen, alle unsere schweißtreibenden Aktivitäten und dieses Areal zu mieten haben eine Dimension, bei der ich bei Versagen reputationsmäßig tot bin.

Ganz aufgeregt kehrt sie zurück und ruft schon von weitem: »Die sind schon alle da und wollen rein!«

Halb erleichtert, halb erschrocken antworte ich und meine Stimme überschlägt sich dabei: »Oh nein, ich bin noch nicht bereit.«

Wenige Minuten später öffnen sich die Türen und alle strömen herein. Die Stimmung ist mit einem Mal umgeschlagen: Es herrscht eine freudige Atmosphäre. Die Mitarbeiter sind unglaublich stolz, ihre Abteilung darstellen zu dürfen. Sie überbieten sich gegenseitig. Sie sind einfach nur großartig.

Dann trete ich mit meiner eigenen Präsentation an. Ich habe unglaubliche Angst, als ich vor dieser versammelten Bank stehe und anfange zu sprechen.

Aber es läuft. Ich bin ganz bei mir, vergesse meine zitternden Knie und erkläre meine Botschaft an die Menschen im Publikum und was mir und meinem Team am wichtigsten ist: den Menschen ihre Identität zu geben, so dass sie stolz und mit Herzblut dabei sind. Und diese Botschaft kommt an. Das Publikum beginnt zu klatschen, dann zu johlen, dann zu pfeifen und dann zu stampfen. Es ist unglaublich. Auf einmal werden mein Team und ich als Helden gefeiert. Ich bin sprachlos und erschöpft und gleichzeitig glücklich für die Bank, für mein Team und überwältigt von dem Erfolg.

Die Kampagne, die wir vorbereitet haben, schlägt ein wie eine Bombe. Wir erzielen in Rekordzeit Traumresultate. Wir bekommen einen Award, eine Universität macht eine Fallstudie über uns, es erscheinen Artikel über uns in den großen Fachzeitschriften. Und im Buch »Banks and Brands« werden wir als Fallstudie publiziert mit einem Rating 8 von 10! Die Wogen könnten kaum höherschlagen.

Der Weg zu diesem Erfolg war extrem hart. Es ist nicht lustig, wenn Sie von allen fast gehasst werden. Es ist nicht lustig, wenn Ihnen die Kooperation verweigert wird. Es ist nicht lustig, wenn Ihr Risiko größer ist als Ihre Chance. Doch das hatte ich nicht zum ersten Mal erlebt. Ich wusste: Ich kann mich auf mich selbst verlassen. Wenn ich bei mir selbst bleibe, dann schaffe ich es. Gegen alle Winde und Stürme.

Und ich habe es geschafft. Ich hatte damals einen omnipräsenten inneren Schlachtruf, der mir jedes Mal, wenn ich am Boden lag, die Kraft gegeben hat, aufzustehen und weiterzumachen. Und wissen Sie, was das Verrückte daran ist? Die Worte dieses Schlachtrufes habe ich erst Jahre später erfahren.

Rise, chica, rise!

Früher dachte ich immer, der Satz von Panasonic-Gründer Matsushita Kōnosuke, von dem ich Ihnen im letzten Kapitel schon erzählt habe, sei mein Leitspruch: »Du kannst immer erfolgreich sein.« Er hatte mich bis dahin durch mein ganzes Leben getragen.

Letzten August traf ich eine tolle, überaus erfolgreiche Frau. Die sitzt in einem kleinen Kaff irgendwo im mittleren Westen der USA und macht von dort aus mit Netzwerkmarketing Geld wie Heu. Sie übergab mir ihre Visitenkarte. Außer ihren Kontaktdaten standen da zwei Sätze. Der erste lautete: »Be the CEO of your life.« Das war mir fast ein bisschen zu männlich in der Attitüde. Aber der zweite Satz drückte meine innere Kampfenergie aus, niemals aufzugeben. In ihm steckt so unglaublich viel Energie. Da stand: »Rise, chica, rise!«

Und ich habe sofort erkannt:

Das ist er. Mein Schlachtruf.

Wenn ich diesen Satz höre, denke ich sofort an Salsa. An diese energetisierende Musik. An die Kraft, die ich beim Tanzen spüre. Und an die Power, die ich jedes Mal fühlte, wenn ich erst nicht mehr weiterwusste und dann dachte: ›I'll show you!‹

Erfolg ist ja kein linearer Strich von links unten nach rechts oben. Da geht es hoch und runter, vor und zurück und manchmal stagniert der Verlauf auch. Und immer, wenn es scheinbar nicht in die richtige Richtung geht, wenn Sie feststecken, wenn Sie kurz vor dem Aufgeben sind, brauchen Sie einen solchen Schlachtruf, der Ihnen die Kraft gibt, jetzt erst recht dabei zu bleiben: bei sich, bei Ihrem Weg.

Ich weiß noch, wie mir dieser Satz das Herz aufgehen ließ. Ja, das war der Satz, der mich unausgesprochen schon immer begleitet hatte. Er drückt für mich alles aus, wenn die ganze Welt auf Sturm ist: Rise, chica, rise!

Wenn auch Sie sich wünschen, dass Sie sich zu Ihrer vollen Größe entfalten und in Ihre Kraft kommen, möchte ich Sie einladen, jetzt dafür aufzustehen und loszugehen. Denn damit Sie das können, müssen Sie auf eine Reise gehen. Eine lange, lange Reise. Und das Ziel dieser Reise sind Sie selbst.

Ich kenne diesen Weg sehr gut. Und dieser Weg hat mich viel gelehrt. Er ermöglicht mir, dem Leben mit weiblicher Gelassenheit zu begegnen.

Es ist noch nicht lange her, da saß ich im Café und ein hinreißender junger Kellner flirtete mit mir. Bis er sich zusammenriss, rot anlief und mit Mut sagte: »Madame, Sie müssen mal eine sehr schöne Frau gewesen sein!«

Früher hätte ich ihm eine runtergehauen, weil ich zu wenig selbstsicher war. Heute kann ich darüber lachen und nehme es mit Freude als das, was gemeint ist: als ein wunderbares Kompliment. Es ist herrlich, junge Frauen in ihrer wunderbaren Schönheit zu sehen und zu beobachten, wie sie im Begriff sind, sich zu entfalten und aufzublühen. Offen gestanden: Ich selbst möchte nicht mehr 25 oder 30 sein. Ich fühle mich heute als gestandene Frau. Mit all den Kurven, Runzeln und Kanten, die dazugehören. Ich habe gelernt, mit mir zu leben, meine Sonnenseiten zu schätzen und mit meinen Schattenseiten umzugehen. Es braucht immer beides, den Regen und die Sonne. Das Yin und das Yang. Das ist das Gesetz des Lebens. Und dem begegne ich viel mehr mit heiterer Gelassenheit, Wohlwollen und Dankbarkeit. Mit all meinen Erfahrungen kann ich mich viel mehr annehmen.

Wenn Sie sich entscheiden, sich aufzumachen oder weiterzugehen, kann ich Ihnen nicht versprechen, dass es eine leichte Reise sein wird. Wir haben nie gelernt, wie wir uns auf diesen Weg machen. So etwas bringt uns keiner bei: nicht die Eltern, nicht die Schule, nicht unser Umfeld. Die bremsen uns sogar oft dabei. Sie hören Reaktionen wie: »Du bist auf der Reise zu dir selbst? Schreib' mir 'ne Postkarte, wenn du angekommen bist. Haha.«

Lassen Sie sich von solchen Bemerkungen bitte nicht entmutigen. Nehmen Sie all Ihre Kraft zusammen und lassen Sie sich ein. Ich zeige Ihnen in den folgenden Kapiteln einen möglichen Ansatz, wie es gehen könnte.

Doch Vorsicht: Sie werden gleich zu Beginn Ihrer Reise dem mächtigsten aller Ihrer Gegner gegenüberstehen. Wer das ist, das verrate ich Ihnen im nächsten Kapitel.

6. Allein am Ende der Welt

Seit vielen Jahren treffen wir uns einmal pro Jahr zum Tee. Wir reden über allerhand, die Entwicklung der Technologie, der Märkte und der Menschen. Mein Gegenüber ist ein sympathischer, erfolgreicher Journalist.

Diesmal wundere ich mich. Es gibt wenig Dialog. Er spricht überraschenderweise – von sich. Er erzählt von seinem Leiden, seiner inneren Ödnis, seinen Panikattacken und wie er das alles bewältigt bekam: mit Medikamenten.

Nach einer langen Pause frage ich ihn: »Magst du mit mir einen Weg aus dieser Wüste bauen?«

Er blickt in die Ferne. Lange. Denkt gründlich nach. Dann atmet er ganz scharf durch die Nase: »Nein.«

»Warum?«, *frage ich.*

»Aus Angst.«

Fünf Monate später klingelt mein Telefon. »Lass uns anfangen«, *sagt er.*

Die Reise zu sich selbst treten viele erst dann an, wenn ihr Schmerz unerträglich geworden ist. Das kann ich gut verstehen, denn den Beschluss dafür zu fassen, ist nicht leicht. Wir verschließen uns naturgemäß gegen die Richtung nach innen. Wir geben uns desinteressiert, obwohl unser Herz schmerzt. Wir sind innerlich stumm wie Steine, auch wenn unsere Seele blutet. Das Talent der Menschen, sich Ausreden zu verschaffen, den Weg zu sich selbst zu verweigern und dabei das Leben aus sicherer Entfernung zu betrachten, ist für mich immer wieder bemerkenswert. Ja, wir werden dabei kreativ, sogar originell. Wir fürchten diesen Weg nach innen. Wir verschließen uns wie Austern. Wir entwickeln unser Inneres zu einem Hochsicherheitstrakt, zu dem wir den Schlüssel mit Absicht verlieren. Wir tun das aus Angst, dass etwas Zentrales entdeckt werden könnte: die vermeintlich finsteren Flecken unseres Seins, nämlich nicht zu genügen und nicht wertvoll genug zu sein.

Unterdessen wächst das Gefühl der Entbehrung weiter. Wir ignorieren. Wir messen dem wenig Bedeutung zu. Zu wenig. Denn es beeinflusst den Alltag. Es färbt das ganze Sein in Grau. Erst raubt es den Atem. Dann das Herz. Und die Seele vereist immer mehr. Irgendwann kostet es übermenschliche Anstrengung, das, was uns so quält, als Geheimnis zu wahren. Trotzdem, die Fassade muss aufrechterhalten werden. Mit viel Zähigkeit und Beharrlichkeit. Und was kommt dabei schlussendlich heraus? Die Scheidung von uns selbst.

Das dumpfe Gefühl

Ich habe die Seele der Menschen viele Jahre studiert. Nicht an der Uni, sondern in den Gängen von Großkonzernen – Schauplätze, wo ein unerklärlicher Mangel herrscht. Eine Kargheit nicht im materiellen Sinn, sondern von seelischer Art. Dabei habe ich in den Büros vernunftgeleiteter Menschen viel gelernt: zum Beispiel ein feines Gespür für diese innere, große, schwere Müdigkeit der Menschen zu entwickeln. Nur ein flüchtiger Schatten in den Augen während einer belanglosen Plauderei war wie ein Geheimcode, der Bände erzählte.

Wenn Sie dieses dumpfe Gefühl kennen, dann wünsche ich mir, dass Sie sich dessen annehmen. Wenn Sie Widerstand spüren, den Weg einzuschlagen, dann bitte ich Sie, sich wenigstens zu fragen: Was ist das Minimum, das Sie für eine Verbesserung der Lage tun können, anstatt was ist das Maximum, das Sie in der aktuellen Situation noch aushalten werden. Warum? Weil Sie dieses erodierende Gefühl auf Dauer nicht ignorieren können. Weil diese Aushöhlung von innen nicht von selbst verschwindet. Weil es nicht einfach nicht mehr da ist, wenn Sie eines Tages aufwachen. Weil niemand das für Sie auffüllt oder übernimmt. Wenn Sie von diesem abgestandenen Gefühl zum Lebendigen, Großartigen, Phänomenalen wollen, dann müssen Sie etwas tun. Viele verstehen nicht, dass wenn wir das Gute wollen, wir das aktivieren müssen. Je früher Sie sich entscheiden, desto früher kommen Sie auf die andere Seite. Je früher Sie sich überwinden, desto früher werden Sie belohnt. Es geht darum, sich weiterzuentwickeln, den eigenen Bedürfnissen und Wünschen nachzugehen. Je früher Sie das tun, desto schneller werden Sie sich lebendig fühlen. Je früher Sie sich auf den Weg machen, desto früher gelangen Sie an Ihre Träume, Ihre innere Größe, an Ihre Freude. Je früher Sie sich bewegen, desto kürzer ist Ihre Reise! Der Ausgangspunkt dieser Reise verschiebt sich nämlich mit jedem Tag ein Stück weiter weg von Ihnen, respektive Ihrem Selbst. Wenn Sie verharren, dann können Sie nicht wachsen, dann entfesseln Sie nicht, was in Ihnen steckt. Dann finden Sie niemals all Ihre Talente und Fähigkeiten, die Sie auszeichnen. Viele Menschen nehmen ihre Genialität mit in ihr Grab. Wenn Sie in diesem starren Raum sitzen bleiben, ist das wie spiritueller *Selbst*-Mord. Entscheiden Sie sich! Sonst hat dieses Gefühl die Kontrolle über Ihr Verhalten. Und Sie geraten immer mehr an einen Ort, an dem Sie nicht sein wollen: Er ist am Ende der Welt.

Und da ist es nicht schön – im Gegenteil. Ich kenne das: Ich war dort.

Keinen Platz

Ich bin 17 Jahre alt. Ich wohne seit einigen Jahren bei Ma Ma in der Stadt. Auf dem Land, wo ich lange bei meiner Pflegefamilie lebte, gab es kein Gymnasium. Also wurde beschlossen: Das Kind soll zur Mutter und deren Lebenspartner ziehen. Es war niemandes Wunsch, erst recht nicht meiner. Aber es war logisch. Es war pragmatisch. Und es war schrecklich.

Durch den Umzug verlor ich mit einem Schlag alle Strukturen. An den Wochenenden, die ich regelmäßig bei Ma Ma verbracht hatte, genoss ich den ungeregelten Raum, denn bei meiner Mutter gab es sehr wenig Struktur.

Das Leben in meiner Familie gab mir Halt. Wir hatten geregelte Abläufe. Jeder hatte seinen Platz und seine Aufgaben. Bei Ma Ma fehlt mir der Halt an allen Enden. Ma Ma arbeitet viel und eine Mutterrolle zusätzlich einzunehmen, ist sie nicht gewohnt. Wir gehen durch Wellentäler. Sie bringt mir morgens lieb den Tee ans Bett, abends lässt sie kein gutes Haar an mir. Sie lehnt alles ab, was mit mir zu tun hat.

Auch mein Stiefvater und ich sind im Dauerkrieg. Die latente Gefahr, von ihm auf die Straße gesetzt zu werden, lastet auf mir.

Selbst in der Schule finde ich mich nicht mehr zurecht. Früher gehörte ich zu den Besten in der Klasse, doch meine Noten sind in den Keller gerasselt. Der Druck, die Matura nicht zu schaffen, wiegt schwer.

Ich habe einen Freund, doch wir haben ständig Auseinandersetzungen. Er nimmt Drogen, wie viele an der Schule, während mich das Zeug nach einmaligem Probieren überhaupt nicht interessiert.

Ich lebe im düsteren Nebel der Stadt. Meine heiß geliebte Natur, in der ich früher Trost gefunden habe, ist zu weit weg. Und ich habe kein Geld, dieser Stadt zu entkommen.

Seit meinem Umzug drifte ich orientierungslos durch die dunkle Galaxie des Alltags. Ich fühle mich nirgends zu Hause, von niemandem gesehen, getragen, geborgen und geschützt.

Seit Monaten überlege ich: ›Was ist mir lieber? Dieses wertlose Leben oder der tröstliche Tod?‹

In dieser dunklen Zeit habe ich schlussendlich den Tod gewählt. Ich habe Tabletten geschluckt. Es war wirklich ganz leicht.

Doch mein Freund hat etwas geahnt. Er bricht bei uns in die Wohnung ein, packt mich auf sein Motorrad und fährt mich ins Spital. Ich kriege kaum etwas davon mit. Endlich falle ich in das Schwarz des Abgrunds, an dessen Rand ich so lange stand. Ich spüre keine Schmerzen mehr.

Nach Stunden erwache ich. Merkwürdig: Ich sehe nur schwarz-weiß. Ich bin überzeugt, dass ich in einer Art Zwischenhimmel bin. Es ist alles schrecklich.

Damals war ich am Ende der Welt. Ich kann Ihnen sagen: Dort ist man allein. Und zwar wirklich. Ich hatte nur eines: Selbstzweifel. Das Einzige, was da war, war der größte Feind: das Zerrbild meiner Selbst.

> *Ihr Selbstbild hat Sie dahin gebracht, wo Sie jetzt sind.*

Es lässt sich an diesem Ende oft nur noch schwer sagen, was zuerst war: das Huhn oder das Ei. Sicher ist, dass dieser Verlust unseres Selbst ganz eng verknüpft ist damit, wie wir uns sehen. Am Ende der Welt ist das Bild von sich selbst vernichtend klein. Ich jedenfalls fühlte mich klein und wertlos.

Kannst du oder bist du?

Der weltbekannte amerikanische Psychologe Wayne Dyer sagte mal, dass du nicht einsam sein kannst, wenn du die Person magst, mit der du alleine bist: dich selbst. Dafür musst du nicht den Erwartungen anderer entsprechen, sondern im Frieden sein mit dir selbst. Wenn du im Einklang bist mit dir selbst, brauchst du niemanden, der die Leere füllt. Dann brauchst du keinen, damit du dich vollständig fühlst. Es ist im Grunde genommen einfach. Aber es ist nicht leicht.

In meiner Arbeit zeigt sich immer wieder, dass viele Menschen mit ihrem Selbstbild kämpfen. Zum Glück verüben nicht alle einen Suizidversuch. Die meisten wählen andere Strategien, um damit zurechtzukommen. Sie bauen sich eine hohe Fachkompetenz auf, das gibt ihnen Selbstvertrauen. Fachkompetent zu sein heißt: »Ich *kann* das.« Und es ist leicht, sich darüber zu definieren. Das hat jedoch nichts mit der Persönlichkeit zu tun. Persönlichkeit bedeutet: »Ich *bin* das.« Und das benötigt Selbst-Bewusstsein, das Bewusstsein zu sich selbst.

> *Wir sind ja schließlich human beings,*
> *nicht human doings.*

Und ein »human being«, eine Persönlichkeit zu sein, ist nicht einfach. Es beginnt damit, sich selbst kennenzulernen. Wie Benjamin Franklin sagte: »Es gibt drei wirklich harte Dinge: Stahl, Diamanten und sich selbst zu kennen.« Wenn wir zu sehr auf Fachkompetenz und zu wenig in die Persönlichkeit investieren, ergibt sich ein Mangel. Entsprechend wird dieser Mangel an Selbst-Bewusstsein, also an Kenntnis seiner selbst, oft kompensiert. Status, Rang und hohe Positionen sind dabei hilfreich: Sie geben nach außen das Gefühl von

Signifikanz, also für Bedeutsamkeit. Aber das tun sie nach innen nicht. Es wird leicht übersehen, dass eine erfolgreiche berufliche Funktionalität vorwiegend das äußere Ich betrifft. Und das kann zu einem gefährlichen Ungleichgewicht führen, denn die andere Seite der Person, das Selbst, wird nicht genährt. Ich erlebe das immer wieder in meiner Arbeit, dass hinter dem Glanz einer erfolgreichen Führungskraft ein kleines, schnell verwundbares Selbst steckt.

Viele meiner Klientinnen und Klienten, ehemaligen Kollegen und auch Freunde, die hart arbeiten, sagen, dass sie leiden. Und wenn es passiert, dass sie aus irgendwelchen Gründen ihre Stellung aufgeben müssen, werden die Verletzungen groß. Entweder suchen die Betroffenen nach Schuldigen oder sie beißen die Zähne zusammen und leiden innerlich – oft über Jahrzehnte!

Die wenigsten Menschen können per se gut mit Zurückweisung umgehen. Und um dies zu meistern, reicht Fachkompetenz einfach nicht. Es braucht die wichtigste Kompetenz aller Kompetenzen: die Selbst-Kompetenz. Aber die zu entwickeln, haben wir nie gelernt. Und solange wir das nicht angehen, wird sie nicht entfaltet. Erst kürzlich war ein CEO bei mir, der aus politischen Gründen regelrecht kaltgestellt worden ist. Er fühlt sich klein, dabei ist er in meinen Augen eine umwerfende Persönlichkeit! Was bleibt, wenn äußere Zeichen wie Status, Rang und Macht wegfallen? Die Persönlichkeit. Die Substanz dazu ist das Selbst. Und wenn sie nicht ausgefüllt ist von einem gesunden Selbst, sondern geprägt ist von einem geringen Selbstbild, dann wird es schwierig. Dann droht der Kollaps.

Stolz ist keine Tugend

Viele Menschen haben ein geringes Selbstbild. Bei Frauen ist dies meist offenkundiger. Denn wir tendieren dazu, unser spärliches Selbstbild damit zu kompensieren, es allen recht machen zu wollen – denen, die uns wichtig sind und sogar denen, die uns nicht wichtig sind. Das ist doch bemerkenswert. Wir nehmen uns in manchen Dingen so wichtig *(die Familie funktioniert nicht ohne mich)* und in der wichtigsten Sache der Welt nehmen wir uns nicht wichtig: unserem Selbst. Vielleicht liegt uns diese Strategie deshalb so nah, weil die Fürsorge tatsächlich ein wichtiger und großartiger weiblicher Antrieb ist.

Wir werden dazu erzogen, bescheiden zu sein. Von sich selbst überzeugt zu sein, ist unsympathisch. Hier gilt es, genau hinzuschauen: Sich seiner selbst bewusst zu sein, ist nicht eitel, sondern die Basis für ein gesundes Selbstbewusstsein. Sich selbst Anerkennung zu zollen, hat nichts mit Stolz, sondern mit Wertschätzung seiner selbst zu tun. Und man kann durchaus bescheiden und gleichzeitig ambitioniert sein, ohne dabei in Größenwahn zu verfallen. Alles beginnt mit dem Bild, das wir von uns selbst haben:

»Sei ja nicht stolz auf dich!«

Sagen Sie mal einer Frau, dass sie gut aussieht. Mit an Sicherheit grenzender Wahrscheinlichkeit wird sie Ihnen antworten: »Meinen Sie wirklich?« und dann 20.000 Gründe finden, warum sie eben nicht gut aussieht! Der Klassiker bei der Stellensuche ist, dass eine Frau sich fragt, ob sie geeignet ist, selbst wenn sie zwanzig von zehn Anforderungen der Ausschreibung erfüllt! Erfüllt ein Mann auch nur fünf von zehn, sagt er von sich: »Ich bin genau der Richtige.« Bitte entschuldigen Sie die Stereotype, die ich hier nutze. Und natürlich überspitze ich, um den Punkt zu machen. Natürlich gibt es individuelle Unterschiede. Aber hier steckt schon ein Fünkchen Wahrheit drin.

Tatsache ist, dass dieses niedere Selbstbild unter Frauen enorm verbreitet ist. Mit den entsprechenden Folgen …

Ihr mächtigster Gegner

»Ist ja klar, dass ich das nicht geschafft habe!« »Wie konnte ich nur so blöd sein!« Hören Sie sich einmal zu, wenn Sie mit sich selbst sprechen: Ich bin sicher, dass Sie es niemals akzeptieren würden, wenn jemand mit Ihnen so reden würde, wie Ihr innerer Kritiker mit Ihnen spricht. Wir sind uns selbst gegenüber oft hemmungslos respektlos, abfällig und verletzend. Wir machen uns nach Strich und Faden fertig und wundern uns, warum wir uns nicht wohlfühlen. Warum andere große Ziele erreichen und wir nicht. Warum andere glücklich sind und wir nicht.

Es sind nicht die anderen, die Sie davon abhalten, ein cooles Leben zu führen und Ihre Träume zu verwirklichen. Weder Ihre Eltern noch Ihre Kinder noch Ihr Chef noch Ihre Kolleginnen – niemand kann Sie aufhalten. Auch die Umstände sind nie die Begrenzung. Denken Sie an den Satz von Matsushita Kōnosuke, der mich durch mein Leben getragen hat: »Du kannst immer erfolgreich sein.«

Der Einzige, der Sie davon abhält, sind Sie selbst.

Weil Ihr Selbstbild Ihre Träume, Ihr Potenzial, Ihre Größe nicht zulässt. Weil Sie nicht an sich glauben. Aber wer soll es denn sonst tun?

Dazu möchte ich Ihnen von einem Forscher berichten, der in den 1960er Jahren zum Thema Selbstbild etwas vom Besten geschrieben hat, das ich kenne. Maxwell Maltz war eigentlich Schönheitschirurg. Was ihn zum Ausflug in die Psychologie bewog, war eine Beobachtung: Ein Teil der Patienten, die ihn zum Beispiel um eine Nasenkorrektur baten, waren hinterher mit ihrem Aussehen glücklich. Ein anderer Teil dagegen – und das waren oft die, an deren Nase nach üblichen Kriterien nicht sehr viel auszusetzen war – waren nach der Operation immer noch kreuzunglücklich. Das hat ihn stutzig gemacht und er ist der Sache auf den Grund gegangen. Es hat sich schnell herauskristallisiert: Die Zufriedenheit oder Unzufriedenheit seiner Patienten mit dem eigenen Aussehen hatte nichts mit der Nase oder einem anderen Körperteil zu tun. Es hatte mit dem Selbstbild zu tun. Also bohrte er tiefer und fand heraus: Das gilt nicht nur für das Äußere. Menschen mit einem positiven Bild von sich waren glücklicher, zufriedener und erfolgreicher als Menschen mit einem negativen Selbstbild.

Unser Eigenbild determiniert, wie wir uns fühlen. Wie wir uns fühlen, determiniert die Qualität unseres Lebens. Es bestimmt auch die Resultate, die wir erreichen. Deshalb ist ein schlechtes Selbstbild die größte Hürde, die wir in unserem Leben haben können.

Wir können nicht größer werden,
als unser Selbstbild es zulässt.

Lassen Sie sich Gewinnerin sein?

Wir handeln nach diesem Selbstbild und wir nehmen die Welt auch durch diese Brille wahr: Stellen Sie sich vor, jemand wirft Ihnen einen schiefen Blick zu. Und zwar, weil er etwas ins Auge bekommen hat – aber das wissen Sie nicht. Haben Sie ein positives Selbstbild, beziehen Sie den schiefen Blick nicht auf sich. Vielleicht wundern Sie sich, aber er tangiert Sie nicht. Haben Sie ein negatives Selbstbild, messen Sie dem Blick eine abwertende Bedeutung bei – und lassen sich davon schwächen.

Eng mit dem Selbstbild verknüpft sind die Dinge, die wir uns selbst unbewusst verbieten, weil ein Glaubenssatz in uns sagt: Wir haben das nicht verdient. Oder: Wir sind nicht gut genug. Zum Beispiel eine strahlende Gewinnerin zu sein. Wenn Sie sich nicht zutrauen, dass Sie es schaffen, dann schaffen Sie es auch nicht. Ihre Handbremse wird immer angezogen sein. Logisch, oder?

Ich muss wahrscheinlich nicht dazusagen, dass unser Selbstbild meist überhaupt nichts mit einer realistischen Einschätzung zu tun hat. Es ist – so wie die Glaubenssätze – unbewusst und früh in unserem Leben entstanden und hat sich verfestigt.

Unser Selbstbild ist in uns tiefgefroren.

So tief, dass wir uns oft nicht mehr an die Entstehung erinnern. Ich aber erinnere mich noch gut …

So wertlos

Ma Ma war ein echter Wissensjunkie: Sie interessierte sich für Kunst und Philosophie, aber auch für Wirtschaft. Beim Weltgeschehen war sie stets auf dem Laufenden und bildete sich ständig weiter. Sie wusste immer über alles Bescheid. Mit ihrem Traumberuf Ärztin hätte sie viele ihrer Talente abgedeckt.

Aber dann kam ich. Ich habe ihr alles versaut. All ihre Pläne gingen in Rauch auf. Und ihre gesamte Energie in-

vestierte sie nun in die Arbeit. Es ging ums Überleben. Die Situation war schwierig und aus heutiger Sicht verstehe ich, dass sie verzweifelt, überfordert und zerrissen war. Aber damals gab es nur meine Sicht. Sie arbeitete wie verrückt, um uns über Wasser zu halten.

Sie pendelte zwischen überströmender Liebe und völliger Ablehnung mir gegenüber. Ihrer inneren Zerrissenheit war ich genauso ausgeliefert wie sie. Sie lehrte mich vor dem Kindergarten zu lesen und zu schreiben. Sie zeigte mir die Welt. Sie nahm mich mit in jedes erdenkliche Museum und erklärte mir die Maler aller Epochen. Gleichzeitig stieß sie mich in ihrer Verzweiflung weg.

Es gab Tage, da weinte sie und sprach kein Wort mit mir – und ich hatte keine Ahnung, warum. Als ich vier Jahre alt war, war sie eines Abends so wütend, dass sie mich wegschickte. Ich stand im Pyjama barfuß auf der Straße. Es war Sommer und noch heute spüre ich den warmen Asphalt unter meinen Füßen. Dieses Gefühl der unendlichen Verlassenheit trug ich viele Jahre mit mir. Ich versuchte alles, es meiner Ma Ma recht zu machen. Ich verbog mich nach links, ich verbog mich nach rechts, ich verbog mich gar nicht. Und jede Strategie half nichts. Ich genügte einfach nicht. Ma Ma sagte, dass ich schlecht bin, dass ich nichts bin. Und ich glaubte ihr.

Die Menschen, die uns am nächsten stehen, haben den größten und nachhaltigsten Einfluss auf unser Selbstbild. Mein Selbstbild war auf Jahre hinaus zerstört. Bei jedem Menschen, der mir näherkam, hatte ich schreckliche Angst davor, dass er entdecken könnte, was ich wirklich war: Nichts.

Die vier Räume der Selbstorientierung

Alles beginnt mit der Reise nach innen. Der größte Feind und das größte Hindernis eines jeden Menschen ist das Bild von sich selbst. Die Ängste, die Selbstzweifel, die Glaubenssätze, die Kritik. Wenn wir unsere Träume wahr werden lassen und unser Potenzial leben wollen, gilt es, all diese Bilder erst einmal zu überprüfen. Und zwar genau.

Lassen Sie uns das anhand einer einfachen Skizze näher betrachten. Die Bilder, die es von uns in der Welt gibt, befinden sich auf vier Ebenen. Stellen Sie sich diese Ebenen vor wie Ringe im Wasser, wenn Sie einen Stein hineinwerfen:

- Im innersten Ring, also der ersten Ebene, befindet sich das Bild, das Sie von sich selbst haben.
- Der zweite, etwas größere Kreis grenzt direkt daran an: Das ist das Bild, dass Ihre Liebsten von Ihnen haben.
- Weiter außen finden Sie die Menschen, mit denen Sie immer wieder zu tun haben und
- im vierten Kreis schließlich die breite Öffentlichkeit.

Auf all diesen Ebenen existieren Bilder von Ihnen, und die können komplett unterschiedlich sein. Sie müssen nichts miteinander zu tun haben.

Damit Sie verstehen, wie diese Ebenen in Beziehung stehen und wie Sie von Ihnen beeinflusst werden, möchte ich mit Ihnen die Ebenen etwas genauer anschauen.

Da ist also die erste Ebene: *Ihr Selbstbild.* Von dem erzählen Sie in der Regel niemandem. Meist ist es Ihnen selbst ja gar nicht bewusst. Diese Haltung sich selbst gegenüber bestimmt jedoch, was Sie denken, sehen, fühlen – und schließlich auch, was Sie tun. Unser Leben findet immer in diesen Schritten statt:

Haltung führt zum Denken, Denken führt zu Bildern, Bilder führen zu Emotionen, Emotionen führen zum Handeln.

Wenn Sie in Ihrem Leben nachhaltig etwas ändern wollen, müssen Sie auf dieser Ebene ansetzen. Gewohnheiten bestimmen unser Leben und Gewohnheiten sind eine harte Nuss. Sie sind nämlich direkt von unserem *Selbstbild* abhängig und nur zu knacken, wenn wir dieses Bild verändern. Egal ob es darum geht, ab heute keinen Kuchen mehr zu essen oder bessere Resultate zu erzielen, mehr Sport zu treiben oder ein erfüllteres Leben zu führen: Ihr Selbstbild ist der Schlüssel.

Auf der zweiten Ebene befindet sich das *Bild, das Ihre Familie und Ihre engen Freunde von Ihnen haben*. Dieses Bild, das Sie bei diesen Menschen hinterlassen, ist Ihnen wichtig, denn von diesen Menschen möchten Sie geliebt und angenommen werden. Sie brauchen das Gefühl der Gemeinschaft mit ihnen. Hier finden Sie die Intimität, nach der Sie sich sehnen. Intimität hat in diesem Zusammenhang nichts mit Sexualität zu tun: Der Begriff steht für Nähe, Vertrautheit, gegenseitiges Anlehnen, Geborgenheit. Wir Menschen können ohne das nicht glücklich sein. Deshalb möchten Sie einerseits die Erwartungen dieser Menschen gern erfüllen. Andererseits möchten Sie so geliebt werden, wie Sie sind, und das geht nur, wenn das Bild auf dieser Ebene authentisch ist, mitsamt Ihren offenen Flanken.

Auf dieser Ebene zeigen Sie Verletzlichkeit.

Auf der dritten Ebene steht das *Bild, das Sie für Ihr weiteres Umfeld abgeben*: der Chef, die Kolleginnen, die Bekannten, die Nachbarinnen und auch zum Beispiel Institutionen, mit denen Sie zu tun haben. Sie stehen in Beziehung und fühlen sich teilweise abhängig. Es ist Ihnen also nicht egal, welches Bild dieses Umfeld von Ihnen hat – auch hier wollen Sie gut ankommen. Gleichzeitig fehlt Ihnen oft das Vertrauen, dass alle diese Menschen wertschätzend und respektvoll mit Ihnen umgehen. Entsprechend sind Sie in der Regel sehr vorsichtig, wenn es darum geht, Verletzlichkeit zu zeigen. Zu den Menschen auf der *vierten Ebene, der breiten Öffentlichkeit bzw. der Umwelt oder den Umständen* haben Sie keine persönliche Beziehung. Vielleicht ist Ihnen diese Ebene auch ganz egal. Das Bild, das Sie dort abgeben, kann jedenfalls an der Oberfläche bleiben.

Diese vier Ebenen klingen zunächst ziemlich theoretisch. Sie haben aber sehr viel mit dem Leben zu tun.

Wie James Bond

Anhand der Ebenen habe ich zum Beispiel verstanden, warum es mir auf der einen Seite noch nie wichtig war, was die »Öffentlichkeit« von mir denkt. Und es mich andererseits so zerstört hat, zu glauben, dass meine Mutter mich für wertlos hielt. Sie sind auf völlig unterschiedlichen Ebenen angesiedelt.

Jeder von uns arbeitet mit Bildern auf diesen vier Ebenen. Und weil das Kino ein Spiegel unseres Lebens ist, erkennen Sie sie auch in jedem gut gemachten Hollywoodfilm wieder: Der Held hat immer mit Konflikten auf diesen vier Ebenen zu tun. Und auf je mehr Ebenen er kämpft, umso spannender ist es für die Zuschauer. Warum ist James Bond eine fünfzigjährige Erfolgsgeschichte? Weil er äußerlich immer der gleiche tolle Kerl geblieben ist, aber innerlich stets dem Zeitgeist entsprach. Früher rettete Bond ausschließlich auf den äußeren beiden Ebenen die Welt. Er war im Wettlauf mit der Zeit und er hatte manchmal Probleme mit Autoritäten wie der Regierung oder dem Chef. Mit Daniel Craig betrat ein vielschichtigerer James Bond die Kinoleinwand. Einer, der sich hinterfragt. Einer, der liebt und leidet, wenn die geliebte Frau erschossen wird. Einer, der darüber nachdenkt, dass er alt wird. Aber er bleibt immer der gleiche Kerl, der witzig ist, charmant, clever und smart. Er schafft den Spagat, der Gleiche zu sein und sich weiterzuentwickeln. Deshalb ist dieser James Bond zu so einer Erfolgsgeschichte geworden. Machen Sie es wie James Bond: Bleiben Sie Sie selbst, aber entwickeln Sie sich weiter.

*Bei James Bond finden wir die Antworten
auf das Leben, die wir im Kino suchen.*

Ich arbeite in meinen Coachings viel mit Selbstbild, Fremdbild, Führungsbild und Kraftbild. Wenn Sie die Ebenen kennen, können Sie anfangen, bewusst damit umzugehen. Sie können sich fragen, wie Ihre Bilder dort aussehen. Und Sie können sich fragen, was Sie sich wünschen: Wie sollen diese Bilder in Zukunft sein? Das ist Ihre Entscheidung!

Ablegen bitte – die verzerrten Bilder von sich selbst

Mit der Entscheidung darüber, wie Ihre Bilder in Zukunft aussehen sollen, können Sie den ersten Schritt weg vom Ende der Welt tun. Sie gehen in die Selbstverantwortung. Und beginnen bei Ihrem mächtigsten Gegenspieler – bei Ihrem Selbstbild, das sich früh gebildet und vielleicht wie tiefgefroren all die Jahre überdauert hat. Holen Sie es hervor, tauen Sie es auf und schälen Sie es Stück für Stück heraus! Das tun Sie, indem Sie Ihre Gewohnheiten, Ihre Verhaltensmuster und Ihre Gedanken evaluieren: Was bringt mich dazu, so zu denken und zu handeln? Welches Bild steht dahinter? Wie viel hat dieses Selbstbild mit der Wirklichkeit zu tun? Selbst wenn es einmal gültig war: Ist es das heute immer noch?

Erschrecken Sie nicht, wenn Sie sich zum ersten Mal Ihr Selbstbild vor Augen führen: Das sind nicht Sie, das ist ein Zerrbild. Legen Sie es einfach ab. Ja, Sie dürfen sich das erlauben! Und Sie dürfen sogar noch mehr: Sie dürfen sich überlegen, welches Selbstbild Sie haben wollen. Wer könnten Sie sein? Wer möchten Sie sein?

Ganz wichtig dabei: Vergeben Sie allen, die vermeintlich schuld sind, dass dieses Selbstbild entstanden ist. Solange Sie die Schuld bei anderen suchen, übernehmen Sie nicht die Verantwortung und damit auch nicht die Macht. Holen Sie sich Ihre Power zurück und versöhnen Sie sich mit der Welt.

Vergebung ist Befreiung.

Und versöhnen Sie sich vor allem mit sich selbst! Solange Sie sich selbst Vorwürfe machen, was Sie alles nicht können und nicht darstellen, können Sie auch kein positives Bild von sich entwickeln. Lassen Sie sich nicht nur gut sein, wie Sie sind, sondern lassen Sie sich strahlen. Erinnern Sie sich an Ihre Diamanten: Sie können sicher sein, dass sie in Ihnen stecken. Und falls Sie sie noch nicht gefunden haben, suchen Sie sie. Sie werden sie finden. Garantiert!

Der lohnendste Investmentbereich

Nehmen Sie sich Zeit für diesen Prozess, holen Sie sich Unterstützung. Dieser Schritt ist unendlich wichtig, um Ihr Leben zum Positiven zu verändern – viel wichtiger als jede fachliche Weiterbildung hin zu irgendeiner Expertise. Nachdem ich mich damals bei der Tasse Hagebuttentee entschieden hatte, dass *jetzt fertig ist* und ich mein Leben in die Hand nehmen will, hatte ich mir einen Coach gesucht. Ich bin dieser weisen Frau heute noch dankbar. Und ich weiß noch heute, wie sie zu mir sagte:

»Du musst in dich investieren.«

Arbeiten Sie an sich und Ihrem Selbstbild. Wenn Sie sich hierbei Unterstützung holen, ist das die lohnendste Investition, die Sie in Ihrem Leben machen können.

Wenn Sie wissen, wer Sie sein möchten, können Sie auch entscheiden, wie Sie auf den anderen Ebenen wahrgenommen werden möchten. Lernen Sie, virtuos mit diesen vier Ebenen umzugehen. So bestimmen Sie, wer von Ihnen welches Bild haben wird. Sie werden sehen, dass sich alle menschlichen Konflikte auch auf diesen Ebenen abspielen. Wir leben im Kontext von allen und je klarer wir sie sehen, desto besser können wir damit umgehen. Wenn ich zurückschaue, dann war mein Suizidversuch eine fast logische Konsequenz, denn ich stand im massiven Konflikt auf allen vier Ebenen. Ich fand auf keiner Ebene Halt.

Es ist verrückt, was Menschen alles tun, wenn sie ihren Halt verlieren. Ich kenne nicht nur Single-High-Performer, die versuchen, durch extreme Sexualpraktiken mit Unbekannten einen Kick zu bekommen und gleichzeitig ihren Hunger nach Intimität und ihre Sehnsucht nach Nähe zu befriedigen. Nur, um am nächsten Tag wieder in eine Leere zu stürzen.

Jeder geht seinen eigenen Weg. Ich respektiere das. Wenn Menschen zu mir kommen, führt für ein glückliches Leben nichts am Weg nach innen vorbei.

Bescheidenheit und Größe

Sich selbst in einem positiven Licht zu sehen, hat nichts mit Narzissmus zu tun. Sich mehr zuzutrauen, ja, sogar nach den Sternen zu greifen, hat nichts mit Größenwahn zu tun. Sie deklarieren sich damit nicht zum einzig wahren Wesen auf dieser Welt.

Sie geben sich damit nur den angemessenen Raum für Ihr Wachstum.

Egomanie, also krankhafte Selbstbezogenheit, bedeutet nicht, eine große Persönlichkeit zu sein. Im Gegenteil: Bescheidenheit kann ein Zeichen wunderbarer innerlicher Größe sein. Nelson Mandela war eine der herausragenden Persönlichkeiten unserer Zeit und war gleichzeitig eine der bescheidensten. Ich bin sicher, er ist durch die Hölle gegangen. Ohne ein gutes Selbstbild wäre ihm das nicht gelungen. Ich kann mir vorstellen, dass diesem weisen Menschen das Ende der Welt nicht unbekannt war. Doch er hat es hinter sich gelassen.

Ja, am Ende der Welt ist es nicht schön. Es ist sogar grauenhaft. Doch der einzige Mensch, der Sie da herausholen kann, sind Sie selbst. Und das können Sie. Sie haben es in der Hand, von hier aus die wichtigste Reise Ihres Lebens anzutreten.

Machen Sie sich auf den Weg zu sich selbst. Der beginnt bei Ihrem Selbstbild. Keiner kann für Sie Ihre Liegestütze übernehmen. Und auch beim Selbstbild müssen Sie selbst durch. Aber nicht unbedingt allein. Denn schließlich können wir uns ja nicht selbst auf den Kopf schauen. Ich jedenfalls habe meinen Glaubenssatz, alles alleine durchstehen zu müssen, zum Teufel gejagt und mir Hilfe geholt. Und ich bin heute noch unendlich dankbar dafür.

Wenn Sie Ihr Eigenbild überprüfen und verbessern, garantiere ich Ihnen, Ihre Welt wird sich massiv verändern. Zum Besseren. Dort beginnt die Kraft. Dort beginnt die heitere Gelassenheit. Dort beginnt die Freiheit. Dort beginnt die Magie. Und dort können Sie abheben. Grenzen, Selbstzweifel und Ängste sind meist nur eine Illusion.

Chica, let's rise!

7. Die Reise zum Mittelpunkt

Wo befindet sich der Mittelpunkt Ihrer Welt? Falls Sie antworten: »Das sind meine wunderbaren Kinder oder mein geliebter Lebenspartner oder vielleicht mein schönes Haus oder mein toller Job«, dann bitte ich Sie, nochmals darüber nachzudenken.

Ich möchte Ihnen damit nicht zu nahe treten, sondern Sie lediglich aufmerksam machen. Immer wieder stelle ich fest, dass Menschen eine große Fürsorge für die Familie und ein hohes Pflichtbewusstsein für ihre Arbeit haben. Das zeichnet sie aus! Sie vergessen dabei jedoch oft das Wichtigste: sich selbst. Wenn ich das zur Sprache bringe, kommt sofort: Ich will nicht egoistisch sein. Aber sehen Sie, wir sprechen hier nicht davon, den eigenen Wünschen ohne Rücksicht auf die Bedürfnisse der anderen nachzugehen. Es geht darum, an den Ort Ihrer Kraft und Ihres Potenzials zu gelangen. Das ist der wahre Mittelpunkt Ihres Lebens. Und der liegt nicht im Außen, sondern in Ihnen selbst. Und solange Sie diesen Mittelpunkt nicht kennen, ist die Gefahr groß, dass Sie ihn im Außen verorten. Dann diktiert Ihnen das Außen die Schachtel, in der Sie Ihr Leben verbringen. Wenn Sie nur im Außen leben, akzeptieren Sie die Begrenzungen, die es mit sich bringt. Und Sie lassen sich von äußeren Erwartungen und angenommenen Verhaltensmustern manchmal bis zur Erschöpfung treiben und landen so womöglich am Ende der Welt.

Ihre Treiber

Was veranlasst Sie zum Handeln? Wünsche, Hoffnungen, Erwartungen, Bedürfnisse, Emotionen – und nicht nur Ihre eigenen, sondern die der anderen. Aber auch die fünf inneren Antreiber können eine große Rolle spielen. Lassen Sie uns die kurz betrachten. Sie gehen auf die von Eric Berne und Thomas A. Harris begründete Transaktionsanalyse zurück, vielleicht kennen Sie sie:

- *Mach schnell!* Das heißt, Sie sind immer auf Trab, heizen allen ein, verschwenden keine Zeit und machen mehrere Dinge gleichzeitig.
- *Sei perfekt!* Das heißt, Sie machen alles gründlich, fehlerfrei, es ist nie gut genug, es geht noch besser.
- *Mach es allen recht!* Das heißt, liebenswürdig zu allen zu sein, Nein sagen ist sehr schwer.
- *Streng dich an!* Das heißt, nie aufgeben. Erfolge muss man sich hart erarbeiten. Nur schwer Erarbeitetes ist wertvoll.
- *Sei stark!* Das heißt: Zähne zusammenbeißen! Keine Gefühle zeigen, die gehen niemanden etwas an. Ich kann das alleine. Reiß dich zusammen!

Diese Antreiber sind Verhaltensmuster, die im Kindesalter entstanden sind. Mit ihnen reagieren wir auf Ansprüche äußerer Autoritäten, vor allem jener unserer Eltern. Sie sind so verinnerlicht, dass sie unser Verhalten auch noch im Erwachsenenalter bestimmen, vorwiegend in Belastungssituationen. Gerade bei Menschen, die besonders hart arbeiten, sind meist mehrere, wenn nicht gleich alle Antreiber stark ausgeprägt und sorgen für noch mehr Stress.

Doch von dort wollen Sie ja weg. Ihr Ziel ist also Ihr wahrer Mittelpunkt. Nur von dort aus können Sie vom Gefühl der Fremdbestimmung und den diffusen Gefühlen der Unzufriedenheit wegkommen, die Qualität Ihres Lebens verbessern, an Ihre Kraft gelangen und Hochgefühle wie Lebendigkeit, Freude und den Flow entwickeln. Es ist eine Entdeckungsreise und Heimkehr zugleich, zu der ich Sie jetzt einlade:

Kommen Sie dort an, von wo Sie nie weggegangen sind: bei sich selbst.

Ihr Kraftwerk

Was Sie an diesem Ort finden, wird Sie stark machen. Garantiert. Auch wenn Sie sich aktuell ausgelaugt, erschöpft und gar nicht in der Kraft fühlen: In Ihrem Inneren schlummern unglaubliche Möglichkeiten. Ralph Emerson, US-amerikanischer Philosoph und Schriftsteller des 19. Jahrhunderts, hat einmal gesagt: »What lies behind us and what lies before us are tiny matters compared to what lies within us.« – »Was hinter uns liegt und was vor uns liegt, ist so viel kleiner, gemessen an dem, was in uns liegt.« Und was ich bei meiner täglichen Arbeit mit Menschen erlebe, zeigt: Ich kann ihm nur recht geben.

Sobald Sie an diese Kräfte herankommen, geht Ihnen die Energie nie mehr aus. Sie erneuern und vermehren sie sogar in Ihrem Alltag, Sie sind wie ein Kraftwerk. Das klingt verlockend, nicht wahr? Das ist es auch. Und diese »Energievermehrung« erfahren Sie ab dem Moment, ab dem nicht mehr das Außen bestimmt, was Sie zu tun, zu sagen, zu fühlen, zu genießen, zu schaffen haben, sondern Ihr Innen.

Wir brauchen beides: das Innen und das Außen.

Das bedeutet nicht, dass Sie ins Esoterische abdriften und nur noch in der inneren Erleuchtung leben. Diesem Vorurteil begegne ich immer wieder. Doch sich einzulassen auf die eigene innere Welt hat nichts mit Räucherstäbchen und Rückzug zu tun. Im Gegenteil, um das eigene, passende Leben zu leben, benötigen wir beides: Wir brauchen das richtige Außen – ein auf uns abgestimmtes Umfeld mit den Menschen, mit denen wir unsere Erlebnisse, Erfahrungen und Errungenschaften teilen können. Wie gesagt, wir sind zutiefst soziale Wesen und ohne eine verlässliche Gemeinschaft, mit der wir in guter Beziehung leben, können wir nicht existieren. Aber wir können nur ein Leben leben: unser eigenes. Und dafür brauchen wir das Innen. Dort erkunden wir unsere tiefsten Wünsche, Hoffnungen, Bedürfnisse, unsere Talente und Kompetenzen, sodass wir unsere Individualität und das, was in uns steckt, was uns auszeichnet, in die Welt bringen können. Dort er-leben wir das, was die meisten Menschen anstreben: Glück, Freude, Friede, Freiheit, Vertrauen, Aufgehobensein, Klarheit, Kraft, Lebendigkeit, Sinnhaftigkeit, Erfülltheit. Und das bekommen wir nur, wenn wir beides gut abgestimmt im Einklang halten.

Es geht also bei Ihrer Reise darum, vom Außen ins Innen zu kommen. Ich bezeichne die Reise deshalb auch als den *Shift von Außen nach Innen*. Doch wie macht sich dieser Shift bemerkbar?

Von der Fremd- zur Selbststeuerung

Ich habe das große Glück und Privileg, bei dem Psychotherapeuten, Arzt und Dozenten Alfried Längle »Existential Leadership« und seine Philosophie »Sein Leben persönlich leben« zu studieren. Alfried kannte Viktor Frankl persönlich und erweiterte dessen Lehren. Viktor Frankl gehört zu den vier größten österreichischen Psychiatern der Welt, er war Holocaust-Überlebender und Begründer der Logotherapie und der Existenzanalyse. Er sagte: »Zwischen Reiz und Reaktion liegt ein innerer Raum. In diesem Raum liegen unsere Freiheit und die Möglichkeit, unsere Antworten zu wählen. In unserer Antwort liegen unser Wachstum und unsere Freiheit.«

In genau diesem Raum findet meine Arbeit statt. Wenn ich Ihnen überraschend einen Stift zuwerfen würde, Sie würden ihn reflexartig auffangen, nicht wahr? Das ist normal. Ich mache das manchmal in meinen Coachings, um genau diesen Reflex aufzuzeigen. Alle, wirklich alle versuchen, den Stift zu fangen. Das haben wir uns so angeeignet: Wir denken gar nicht nach. Wir entscheiden nicht, ob wir den Stift auffangen wollen oder nicht. Wir strecken automatisch die Hand blitzschnell danach aus. So funktioniert Fremdsteuerung.

Wenn Sie dagegen den Shift, die Verlagerung vom Außen ins Innen, machen, können Sie die Kontrolle über Ihr Leben übernehmen. Sie entscheiden: Will ich auf diese Situation antworten oder nicht? Sie wägen ab: auf welche Art und Weise? Es geht darum, nicht reflexmäßig zu reagieren, sondern gewollt zu antworten. Das können Sie trainieren. Dann gelingt das mit der Zeit in Sekundenschnelle. Und das ist enorm kraftvoll. Sie entscheiden, ob Sie das wollen oder nicht. Ist das Prinzip einfach? Ja. Ist das Tun leicht? Nein. Aber es ist unglaublich lohnend. Es ist Ihre Wahl.

So geht Selbststeuerung: die Kraft beherrschen (own your power).

Es wirft Ihnen ständig jemand etwas zu. Auch Menschen, die vielleicht das Beste für Sie wollen, aber Ihnen ihre eigenen Glaubenssätze und Begrenzungen zuwerfen. Menschen, die sagen, dass sie Ihre Freunde sind und trotzdem über Ihren Traum lachen und abwinken. Menschen, die Sie daran erinnern, was nicht möglich ist, was nicht erreicht werden kann, was gar nicht erst versucht werden soll. Menschen, die nicht an Sie glauben; Menschen, die ein Problem für jede Lösung haben; Menschen, die Sie nicht schätzen, Ihnen nichts Gutes tun, Sie nicht inspirieren. Menschen, die Sie mit ihrer Negativität runterziehen. Menschen, die Ihnen vielleicht sogar Böses wollen. Das bedeutet nicht, dass Sie nicht empathisch mit anderen Menschen sind. Bitte überlegen Sie einfach, wer gibt Ihnen Energie und wer zieht Ihnen Energie ab? Überprüfen Sie, wenn Ihnen jemand negative Gedanken, Stimmungen, Überzeugungen zuwirft, fangen Sie diese automatisch auf und machen sie sich zu eigen? Oder sagen Sie: »Das ist nicht meins, sondern seines. Ich werde das nicht annehmen.« Wählen Sie bewusst. Lassen Sie Energiefresser nicht zu. Lassen Sie sich nicht beschränken durch die negativen Meinungen und Wertungen anderer! Und lassen Sie sich nicht sagen, was Sie zu tun haben.

Achten Sie gut auf Ihr Umfeld. Ist es positiv oder negativ? Wir werden zu dem, was wir konsumieren. Nicht nur nahrungsmäßig, sondern auch geistig und emotional. Wir können niemals glücklich werden, wenn wir den Fokus im Außen haben und anderen erlauben, das, was wir uns wünschen, und das, woran wir glauben, zu unterwandern und zu vernichten. Wenn wir verstehen, dass unser innerer Raum das absolut Mächtigste und auch unser wirkungsvollstes Werkzeug ist, das wir besitzen, dann können uns keine Stifte dieser Erde belangen. Wenn wir lernen, diesen Raum zu beherrschen und zu nutzen, dann eröffnen sich neue Dimensionen in unserer Welt.

Wo die Kraft beginnt

Es gibt universelle Prinzipien wie das Gesetz der Polarität. Alles hat ein Gegenteil. Alles, was ein Außen hat, hat auch ein Innen. Alles, was ein Oben hat, hat ein Unten. Es gibt heiß und kalt, gut und schlecht, richtig und falsch. Und alles, was etwas Negatives hat, hat auch etwas Positives.

Sind Sie also im Innen angekommen, können auf das sehen, was bisher Ihr Handeln geprägt hat, Ihr Selbstbild und Ihre Glaubenssätze überprüfen. Hier finden Sie den Kern dessen, welche Bedeutung Sie der Welt geben und wie dementsprechend die Welt für Sie ist: positiv oder negativ. Ist das Messer, das Sie in der Hand haben, ein Werkzeug oder eine Waffe? Ist das, was Ihnen begegnet, gut oder schlecht? Sind Herausforderungen Probleme oder Chancen? Ihre Haltung bestimmt darüber, nicht die Gegebenheiten an sich. Sie wählen. Ihre innere Haltung ist eine Reflexion Ihrer selbst. Was sich in Ihrem Innern abspielt, zeigt sich im Außen. Ihre Haltung hat einen gewaltigen Einfluss auf Ihre Ergebnisse. Diese Haltung können Sie trainieren. Wenn Sie etwas nicht mögen, suchen Sie das Gute darin. Es wirkt Wunder.

Doch Ihre Haltung allein bringt Ihnen nicht die Ergebnisse, die Sie sich wünschen. Sie benötigen die richtigen Skills dazu. Aber wenn Sie keine gute Haltung haben, werden Sie Talente und Fähigkeiten nicht zu außergewöhnlichen Resultaten bringen. Viele Menschen sind sich dessen nicht bewusst. Schlechte Haltung, schlechte Ergebnisse. Thomas Jefferson sagte: »Nichts kann einen Menschen aufhalten, der die richtige Einstellung hat. Nichts kann einem Menschen helfen, der nicht die richtige Einstellung hat.« Ich bin sicher, dass Sie das nachvollziehen können. Eine positive Haltung bringt Positives. Wenn etwas Unschönes oder Schwieriges geschieht, fluchen die meisten Leute. Außergewöhnlich erfolgreiche Menschen haben in der Regel eine außergewöhnlich starke Haltung. Joanne K. Rowling wurde als Sekretärin gefeuert. Sie nutzte ihre Abfindung, um sich über Wasser zu halten, während sie ihrem Traum nachging, Schriftstellerin zu werden. Sie schrieb Harry Potter und wurde zur Milliardärin.

Es gibt viele Beispiele, in denen sehr erfolgreiche Menschen sich mit außergewöhnlich negativen Umständen konfrontiert sahen und sie in außergewöhnlich positive Erfolgsgeschichten umwandelten. Sie nutzten das als Treibstoff, der ihre Motivation anfeuerte. Das hat mir immer Mut gegeben und ich habe weitergemacht, wenn ich im Sturm oder vor Hürden oder sogar am Abgrund stand.

Meine Haltung war und ist felsenfest – immer das Gute in einer Situation oder einem Menschen finden. Sie ist unerschütterlich. Sie ist positiv. Sie trägt mich. Sie bringt mich weiter. Und das können Sie sich antrainieren. Ich nenne das »die Goldnuggets« oder »den Goldstaub suchen«. Glücklich sein ist eine Haltung. Und diese Haltung zeigt sich in täglichen Gewohnheiten. Gewohnheiten prägen unser Leben. Manchmal sage ich, wenn ich gefragt werde, was ich tue: »Ich trainiere mit meinen Klientinnen die ›Gewohnheiten des Glücks.‹« Diejenigen, die fragen, finden es lustig. Die Kunden finden es mächtig. Probieren Sie es. Es ist genial.

Schaffen Sie sich Gewohnheiten des Glücks.

Damit öffnen Sie die Tür für die positive Wirkung eines der mächtigsten Instrumente der Welt …

Die Kraft nutzen und das schaffen, was Sie wollen

Alles und jedes in diesem Universum ist Energie. Auch wir Menschen. Was wir aussenden, ziehen wir an. Was wir aussenden, hängt von unserem inneren Zustand ab, und der ist geprägt von dem, was wir denken und fühlen. Das kann sehr unterschiedlich sein. Wenn wir deprimiert sind, senden wir andere Schwingungen, als wenn wir verliebt sind und schier platzen vor Glück.

Wir nehmen diese Schwingungen auch wahr. Wenn Sie dazu stoßen, wenn sich ein Paar kurz zuvor gestritten hat, werden Sie sofort die dicke Luft spüren, noch bevor Sie in die Gesichter blicken.

Sie ziehen die Schwingungen an, die Sie aussenden. Senden Sie positive »Vibes« aus, werden Ihnen positive Schwingungen begegnen. Sind Sie in negativer Schwingung, wird das Negative bei Ihnen andocken. Das hat sogar in die Alltagssprache Eingang gefunden: Wenn Sie sich mit einem Menschen nicht verstehen, dann sagen Sie, dass Sie beide *nicht auf einer Wellenlänge* sind. Bingo, denn das ist es: Dieser Mensch zieht Sie nicht an, weil er nicht die passenden Schwingungen ausstrahlt.

Einfach ausgedrückt, kommt es darauf an, was wir wollen und nicht darauf, was wir nicht wollen. Wir verschieben den Fokus. Wir konzentrieren unsere Gedanken auf die Dinge, die wir in unserem Leben wollen.

Vorsicht, Falle!

Die meisten Menschen tun genau das Gegenteil – sie konzentrieren sich darauf, was sie nicht wollen. Stellen Sie sich vor, dass Sie ein eigenes Business starten. Worüber machen Sie sich Gedanken? Was beschäftigt Sie am meisten? Viele malen sich nicht den gigantischen, atemberaubenden Erfolg aus, den sie sich wünschen, sondern machen sich permanent Sorgen, wie und ob sie Kunden finden, ob sie genug verkaufen, wie lange sie überleben, ob der Umsatz reicht. Sie beschäftigen sich dauernd mit ihren Zweifeln und den Ängsten und fragen sich, ob sie eigentlich verrückt seien, so ein Risiko einzugehen. Mit anderen Worten: Viele Menschen denken am meisten über das nach, was sie fürchten und auf gar keinen Fall wollen.

So gehen die meisten Menschen auch durch das Leben. Sie sehen das, was sie nicht mögen: den Stau am Morgen, das Wetter, das nicht perfekt ist, den Chef, der nervt, das Gehalt, das nicht genug ist, den Partner, der diskutiert, die Kopfschmerzen, die jetzt gerade auch noch kommen. Damit generieren sie eine permanente negative Schwingung. Sie senden Negativität aus. Sie ziehen Negativität an. Und damit vermehren sie Negativität noch. Das generiert die berühmte selbsterfüllende Prophezeiung. Und schon Goethe beschrieb das im Zauberlehrling mit den Geistern, »die ich rief«.

Das, was Sie aussenden, kommt zu Ihnen zurück.

Was Sie säen, werden Sie ernten. Es ist wie Ursache und Wirkung, Aktion und Reaktion. Umso wichtiger ist es, dass Sie darauf achten, was Sie säen.

Verstehen Sie jetzt, warum Ihre Reise zum Mittelpunkt so wichtig ist? Hier entstehen die Schwingungen, die Sie in die Welt senden. Hier können Sie Einfluss auf das nehmen, was Ihnen in Ihrem Leben begegnen wird: Es ist das, was Sie ausstrahlen. Das hat den größtmöglichen Effekt auf Ihr Dasein.

Was Sie anziehen, ist, was Sie ausmacht.

Anziehung ist Physik. Das hat sogar das größte aller naturwissenschaftlichen Genies, Albert Einstein, gesagt. Er wird zitiert mit den Worten: »Alles ist Energie, und dazu ist nicht mehr zu sagen. Wenn du dich einschwingst in die Frequenz der Wirklichkeit, die du anstrebst, dann kannst du nicht verhindern, dass sich diese manifestiert. Es kann nicht anders sein. Das ist nicht Philosophie. Das ist Physik.«

Positive Vibes

Sich auf das Positive zu fokussieren und Positives auszusenden, ist genauso ansteckend wie schlechte Laune! Also wieso nicht gleich Freude bereiten und positive Vibes verbreiten?! Weil 99 Prozent der Menschen das nicht gewohnt sind. Weil wir das nie gelernt haben. Das ist aber kein Grund, es nicht sogleich anzuwenden und ins Leben zu implementieren. Das bedeutet, wir müssen uns neu konditionieren. Den Fokus neu setzen. Das Positive trainieren. Unsere Sprache anpassen. Haben Sie sich schon mal zugehört? Wie oft verwenden Sie negative Sprachwendungen, wenn Sie auch positive Sprache verwenden können? Wenn ich die Leute darauf aufmerksam mache, dann meinen sie: »Ist ja nur so dahingesagt.«

Nun, Worte sind mächtig. Ihre Sprache bildet Ihr Denken ab. Und Sie sind, was Sie denken, denn Ihre Sprache generiert Bilder und damit Emotionen und Handlungen. Und sie generiert Vibes, die Sie wiederum aussenden – und diese Dinge wiederum anziehen. Wenn Sie beginnen, diesen inneren Raum zu nutzen, sich mit Ihrer Haltung auf die positiven, statt die negativen Dinge zu fokussieren, dann projizieren Sie eine positive Zukunft. Dann lassen Sie neue Dinge in Ihr Leben. Und das funktioniert. Es hat für tausende von Menschen das Leben zum Besseren verändert. Auch meines. Ich habe das 25 Jahre lang angewendet, erst rudimentär. Und trotzdem sind fantastische Dinge passiert und ein dramatischer Shift: von einem bescheidenen, schmerzhaften Leben am inneren Ende der Welt zu einem Leben der Fülle und des Erfolgs.

Und um mit einem weiteren Vorurteil aufzuräumen: Die Arbeit damit, was wir uns ersehnen, ist keine Psychotherapie. Meine beste Freundin ist Psychotherapeutin und ich habe Hochachtung vor dem, was sie macht: psychische Störungen auflösen. Meine Arbeit beinhaltet, schmerzhafte und limitierende Glaubenssätze aufzulösen, Ihr unentdecktes Potenzial zu entdecken, es auszuschöpfen und es lebendig werden zu lassen. Dafür spüren wir das auf, was Sie zum Bremsen bringt und überschreiben es mit dem, was Sie zum Blühen bringt. Und das ist ziemlich cool. Ich habe das selbst erlebt. Allerdings musste ich noch etwas schmerzhaft lernen.

Die Kraft entdecken

Nach meinem damaligen Erlebnis am Ende der Welt trieb ich weiter wie eine Schiffbrüchige auf einem Floss im Strom des Lebens. Ich verdrängte, dass ich immer noch an einem Ort der Finsternis war. Aber ich war Indianerin. Ich biss einfach die Zähne zusammen und hielt mich über Wasser. Wenn ich nicht bei der Arbeit war, lag ich im abgedunkelten Zimmer im Bett und wartete auf Besserung. Ich ließ niemanden davon wissen. Das kostete mich unsägliche Kraft.

Irgendwann sagte meine Freundin: »Nicole, du brauchst Hilfe.«

»Was?! Kommt nicht infrage. Ich bin doch nicht plemplem!«

Indianer brauchen doch keine Hilfe! Aber es wurde schlimmer. Mein Körper meldete SOS: Ich wog nur noch 47 Kilo. Damit ich nicht so dürr aussah, stopfte ich meh-

rere Schichten unter meine Kleidung. Meine Nerven streikten. Meine Haut reagierte. Ich bekam bei jeder flüchtigen Berührung mit Gegenständen sofort rote Flecken. Ich riss mich weiter zusammen. Aber irgendwann stand ich wieder vor der Wahl: Leben oder Tod. Diesmal wählte ich das Leben. Ich sprang über meinen Schatten – das hätte ich nicht für möglich gehalten. Ich erlaubte mir, Hilfe zu holen. Und es war die beste Entscheidung meines Lebens.

Mit dieser Entscheidung verstand ich als hartgesottene Indianerin etwas Wichtiges: Wenn wir uns das Bein brechen, gehen wir selbstverständlich zum Arzt. Aber wenn etwas in unserem Herzen zerbrochen ist, pfuschen wir selbst daran herum.

Ich fand einen Coach, eine weise, wunderbare Dame, der ich heute noch dankbar bin. Ich werde diesen Satz, den sie mir in unserer ersten Sitzung mit auf den Weg gab, nie vergessen: »Wenn wir am Ertrinken sind, müssen wir manchmal aufhören zu strampeln und uns einfach fallenlassen. Dann können wir mit unseren Zehen den Grund erreichen – und uns nach oben hin abstoßen.«

Und das tat ich. Mit ihrer Hilfe gelangte ich endlich in den Innenraum und entdeckte meine Kräfte. Das wäre nie passiert, wäre ich nicht am Tiefpunkt meines Lebens angelangt.

Die Außensicht anderer Menschen zu erfahren, ist sehr, sehr hilfreich.

Wir können uns nicht von außen betrachten und doch brauchen wir diese Perspektive von Zeit zu Zeit, um unsere eigene zu überprüfen.

Der Glaubenssatz, dass wir Schmerz einfach nur ignorieren müssen, damit er vorbeigeht, ist vor allem bei vielen hart arbeitenden Menschen weit verbreitet. Wenn Sie ihn auch von sich kennen, möchte ich Sie ermutigen, mal mit Ihrem inneren Indianer zu reden.

Natürlich müssen Sie nicht am Tiefpunkt Ihres Lebens sein wie ich, um Ihre Kraft zu entdecken und Ihr Potenzial zu entfalten! Sie können den Shift nach innen auch alleine machen. Für mich war es eine große Einsicht und eine Arbeit, einen Profi miteinzubeziehen, die mir nicht nur guttat, sondern die mich faszinierte, glücklich machte und zum Blühen brachte. Ich erlebte eine exponentielle Entwicklungskurve. Es war der Beginn meiner Ausbildung zum Coach. Und der Beginn eines guten, erfreulichen und erfüllten Lebens.

Bill Gates sagte einmal: »Jeder braucht einen Coach.« Ich finde das mittlerweile auch. Nicht, weil ich Coach bin, sondern weil ich diese Hilfestellung einerseits persönlich nutze und selbst erlebe, wie viel schneller ich vorwärtskomme und andererseits erlebe, wie viele Menschen leichter ihr Potenzial entfalten. Ich sehe das oft bei meinen Klientinnen und Klienten, wie sie manchmal für Jahre innere Umdrehungen bei einem Thema machen und wie schnell wir das lösen können, wenn wir das angehen,. Solche Erkenntnisse sind so wertvoll, weil sie irreversibel sind. Sie bringen einen weiter – oft exponentiell. Aber dazu später. Wenn Topathleten mit Coaches arbeiten, finden wir das normal. Aber für uns selbst wollen wir uns das nicht leisten. Warum eigentlich nicht? Ohne Sie zu kennen, weiß ich, dass Sie ein »Top-Mensch« sind. Aber Sie, wissen Sie das auch?

Zurück also zu Ihrer Reise zum Mittelpunkt. Sie wissen nun, warum Sie sie besser heute als morgen antreten. Doch wie machen Sie das?

Geben Sie den Startschuss ab!

Zu Beginn steht Ihre Entscheidung, sich auf diesen Shift einzulassen. Ohne Ihre wirkliche Bereitschaft, sich darauf einzulassen, wird Ihre Reise nicht zum Erfolg führen. Entschließen und committen Sie sich, ab heute die Macht nicht mehr dem Außen zu überlassen, sondern selbst zur Kapitänin Ihres Lebens zu werden und das Steuer zu übernehmen.

Entscheiden Sie sich aktiv für sich und Ihr Potenzial.

Das Wagnis

Ist es nicht oft so, dass wir uns nicht auf den Weg machen *wollen*? In den bekannten vier Wänden ist es so schön geborgen. Es ist warm und bequem. Und es wird nie langweilig. Alles andere ist unbequem, vor allem, die eigene Komfortzone zu verlassen. Wenn das zu drohen scheint, dann werden wir oft bockig wie kleine Kinder. Wir generieren Widerstände und wehren uns völlig, wenn es darum geht, aus der Komfortzone zu treten, erst recht, wenn es darum geht, die Reise nach innen anzugehen. Es ist so einfach, zu sagen: »Jetzt ist nicht die Zeit, jetzt hat anderes Priorität, wegen der Kinder kann ich jetzt nicht.« Ich bin ein gutes Beispiel dafür.

Wir kennen das auch vom Kino. Meist zieht der Held erst nach vielen inneren und äußeren Kämpfen aus, »um das Fürchten zu lernen«. Wir sind bequem. Wir wollen Sicherheit. Wir wollen Harmonie. Aber das Leben ist Konflikt. Konflikte sind anstrengend, aber nur dort wachsen wir. Und jeder Held, der am Schluss alle Hindernisse besiegt hat, hat sich selbst besiegt, er ist weitergekommen. Ziele sind nicht unbedingt da, um sie zu erreichen, sondern daran zu wachsen. Und Erfolg ist nicht, ein Ziel zu erreichen, sondern sich in die Richtung des Zieles zu bewegen. Darum geht es. Wenn wir ein großartiges, glückliches, erfülltes Leben haben wollen, geht es vor allem um diese Reise nach innen.

Wir wollen aber das Risiko des Schmerzes und des Scheiterns nicht eingehen. Und dennoch ist die Bereitschaft, dieses Risiko einzugehen, total entscheidend. Wir fürchten das Unbekannte. Natürlich kommen wir auf unbekanntes Terrain, wenn wir die Reise in den Mittelpunkt antreten. Aber das ist ja genau die Aufregung! Das ist das Abenteuer! Die Schatzsuche! Helden gehen immer auf Entdeckungsreise und bestehen Abenteuer. Sie gehen Risiken ein: das Risiko, die Orientierung zu verlieren, in Gruben zu fallen, über Steine zu stolpern, von Bergen abzustürzen und so weiter und so weiter und so weiter. Aber genau wie Helden den Schatz suchen und der äußeren Landschaft abringen müssen, suchen Sie Ihre Diamanten in der inneren Landschaft. Je mehr Sie Ausreden finden, das nicht zu tun, desto mehr bringen Sie sich in negative Schwingungen. Es ist nicht logisch, es ist nicht pragmatisch, es ist nicht die richtige Zeit dafür – das alles sind gern genommene Ausreden.

Und ich sage: doch! Jetzt ist genau der richtige Zeitpunkt, sich zum Mittelpunkt Ihres Lebens aufzumachen. Es gibt viel zu tun. Es ist eine große und großartige Welt und wir hören nie auf, sie zu erkunden. Nur wenn wir uns darauf einlassen, können wir die Möglichkeiten und das Potenzial schaffen. Diese Haltung ist der Ausgangspunkt, um geniale Resultate zu erreichen. Die Bereitschaft, das Risiko einzugehen, bringt uns in Bewegung.

In diesem Raum in sich kommen Sie nicht
nur zur Ruhe, sondern in Ihre Kraft.

Das ist sogar messbar: Wissenschaftliche Studien haben gezeigt, dass Menschen entspannter sind, sobald sie sich bewusst in ihren inneren Raum zurückziehen können. Sie entwickeln neues Denken und damit neues Potenzial. Und das ist beglückend. Das ist zum großen Teil Übungssache, deshalb empfehle ich auch Ihnen, immer wieder den Ablauf zu trainieren.

Eric ist Chief Technology Officer eines großen internationalen Konzerns in Österreich. Er ist super gescheit, super erfolgreich – und super unglücklich. Er kommt voll des Schmerzes zu mir ins Coaching.

Wir haben uns im Foyer eines wunderschönen Hotels verabredet. Wir setzen uns und sofort bricht es aus ihm heraus: Wie ihn der anspruchsvolle Kunde nervt, dass der eine Partner droht, das Projekt in den Sand zu setzen, dass sein Chef ihm täglich mehr Verantwortung übergibt und entsprechend Druck macht. Er erzählt dicht und schnell, wettert wild und will alles loswerden, was ihm Stress bereitet. Das ist gut so, denn diesen Schmerz nehme ich sehr ernst. Ich weiß aus jahrzehntelanger Zusammenarbeit um die Einsamkeit der Topmanager und ihre Last. Gerade in der Teppichetage besteht so gut wie keine Chance, das zu teilen. Dort sind die Indianer zu Hause, die keinen Schmerz kennen. Darüber offen zu reden, macht angreifbar. Es käme dem Zeigen einer offenen Flanke gleich.

Ich höre aufmerksam zu und sammle wichtige Goldnuggets unter dem Schmerz.

Nachdem er das Dringende losgeworden ist, kündige ich ihm an: »Und jetzt gehen wir in den Innenraum.«

Er schaut mich fragend an.

»Sie werden gleich sehen, was das bedeutet«, *fahre ich fort.* »Sind Sie einverstanden? Gehen Sie mit?«

Er nickt. Ich sehe ihm an, dass er diese Art zu arbeiten seltsam findet, aber er lässt sich darauf ein. Wir wech-

seln vom Foyer zu einem Besprechungszimmer. Bevor ich die Türe öffne, erkläre ich: »Das ist die Grenze. Die Grenze zwischen dem Außen- und dem Innenraum.«

Wir treten gemeinsam ein. In einen lichtdurchfluteten Raum, der nur mit dem Notwendigsten ausgestattet ist. Wir lassen den Lärm der Welt draußen.

»Bitte setzen Sie sich. Es gibt nur noch Sie und Ihren Innenraum. Und mit dem arbeiten wir nun.«

Eric schaut sich um. Und mit der äußeren Ruhe kommt die innere Kraft. Wir beginnen mit der Arbeit – und betreten die bereicherndste und größte Welt, die er je erlebt hat: seine. Er ist sichtlich ergriffen. Endlich rast nicht mehr das Herz, das stärkste Organ, das unseren Körper versorgt, sondern es beginnt das »Organ« zu pulsieren, das noch kein Wissenschaftler verortet hat und das die Seele nährt: die Herzkraft, die größte Kraft, die wir kennen.

Ihr wichtigstes Instrument – der Herzkompass

Es kann gut sein, dass Sie bewegt sind, wenn Sie in den Innenraum kommen. Klienten sagen mir immer wieder, wie beruhigend, wohltuend, aber auch erhebend das ist, wenn Sie zum ersten Mal seit langer Zeit mit sich selbst beziehungsweise ihrem Selbst in Kontakt kommen. Denn Sie stoßen auf etwas, was vielleicht ewige Zeiten verschüttet war. Und das ist Ihr wichtigstes Instrument, um Ihr Leben ab heute in erfüllte Bahnen zu lenken, glücklich zu sein, Freude und inneren Frieden zu erfahren und Ihre Leidenschaft leben zu können. Dieses Instrument können Sie nur in sich selbst finden.

Ich nenne es den Herzkompass. Wenn Sie lernen, mit ihm zu navigieren, gibt er Ihnen die Orientierung, die Sie für Ihr Leben brauchen. Er zeigt Ihnen den Weg in eine Zukunft, die Sie erfüllt, statt aufarbeitet. Er gibt Ihnen den Kurs vor, damit Sie Ihr Potenzial entfalten und Ihre Größe finden können. Er weist genau in die Richtung, die für Sie passt – und zwar mit einer Präzision, die Sie nirgends sonst erhalten. All das leistet Ihr Herzkompass.

Natürlich ist der Herzkompass »nur« ein Bild. Doch die Bilder sind die Sprache unseres Inneren, deshalb ist dieses wie die weiteren, die in den folgenden Kapiteln noch kommen, so nützlich für Sie. Lassen Sie sich auf diese andere Art der Sprache ein, auch wenn sie Ihnen vielleicht zunächst fremd erscheint.

Diese Sprache führt Sie zu sich selbst.

Es geht immer darum, dass Sie zu sich selbst zurückkommen. Wenn ich mit meinen Coachees arbeite, tue ich nichts anderes als »Herzenhören«! Wir gehen in den Innenraum und machen uns auf die Entdeckungsreise. Wenn wir ein Goldnugget finden, checken wir mit dem Herzkompass, ob es stimmig ist. Daraus eröffnet sich eine gigantisch große Welt, eine Welt ihrer Möglichkeiten, ihres Potenzials und ihrer Fähigkeiten. Ich führe sie hinein und wir checken gemeinsam diese Möglichkeiten. Mehr tue ich nicht. Denn im Innen ist alles vorhanden. Und so ist das auch bei Ihnen!

Es kommt alles aus Ihrem Inneren heraus.

Eric hatte die Reise zum Mittelpunkt gemacht. Als er am Abend das Hotel verließ, in dem wir uns getroffen hatten, war er in einer neuen Energie. Er flog förmlich. Und in den nächsten Wochen kam er in den Flow. Die Wirkung wurde täglich und wöchentlich größer. Inzwischen hat er sich selbstständig gemacht und ist glücklich.

Vier Rollen einer starken Frau

Wie Sie Ihren Herzkompass einsetzen können, erkläre ich Ihnen in den nächsten Kapiteln. Zunächst möchte ich Sie mit den vier Himmelsrichtungen vertraut machen, die Bestandteil dieses Kompasses und damit Ihres Lebens sind. Sie entsprechen den vier Rollen einer starken Frau. Diese vier Rollen sind nicht meine Erfindung, sondern sind von Erica Ariel Fox, einer amerikanischen Verhandlungsexpertin und einer gescheiten Frau aus Harvard. In ihrem Buch «Winning from within» beschreibt sie ausführlich, wie wir mit diesen Rollen Veränderungen im Leben viel besser meistern können. Mich hat das zu meiner eigenen Version dieser Rollen inspiriert.

Wir sind gewohnt, mit Zielen zu arbeiten. Wir wissen – zumindest geschäftlich – *wohin* wir wollen. Aber *woher* wir handeln, das wissen wir normalerweise nicht.

Stellen Sie sich diese vier Rollen als Quellen vor. Keine dieser Rollen ist wichtiger als die andere. Keine ist überflüssig oder das einzig Wahre. Es geht nicht darum, dass Sie diese Rollen regelmäßig verteilt einsetzen. Es geht nur darum, in unterschiedlichen Situationen zu prüfen, ob es die richtige Rolle ist, aus der Sie handeln.

Wir haben alle gleichzeitig unterschiedliche Rollen. Sie sind Tochter, vielleicht Mutter, Partnerin, Nachbarin, Chefin, Mitarbeiterin. Und in diesen Rollen sind Sie zwar immer Sie selbst, aber Sie nehmen unterschiedliche Positionen ein. Wenn Sie sich Ihrer Lebensrollen klar werden, können Sie sie gezielt, virtuos und vielseitig einsetzen. Sich seiner unterschiedlichen Rollen bewusst zu sein, gibt Klarheit. Klarheit gibt Kraft. Dann können Sie diese Kraft mit Fokus und Intention bündeln. Und jede dieser Rollen gibt Ihnen schließlich ihre spezifische Kraft für ein tolles Leben.

Sie brauchen jede der vier, wenn Sie eine erfüllte Persönlichkeit werden wollen.

Das Einzige, was Sie brauchen, ist das Bewusstsein innerhalb der Rollen. Das ermöglicht Ihnen, Ihr Handlungsrepertoire zu erweitern. Handeln Sie in dieser Situation aus der einen oder aus der anderen Rolle? Wäre es nicht angemessener und kraftvoller, in der gleichen Situation aus einer anderen Rolle zu handeln? Machen Sie den Shift! Probieren Sie aus! Beim Shift, dem Wechsel der Rollen verhält es sich ähnlich wie bei dem Verhältnis von Innen und Außen in Ihrem Leben. Bei Ihrer Reise nach innen geht es ja auch nicht darum, nur noch im Innen zu leben. Sie wollen aus dem Innen heraus die gute Verbindung zum Außen schaffen: Sie machen einen Shift, um genau die Balance für sich zu finden, die Sie in Ihre Größe kommen lässt.

Und solche Shifts machen Sie auch, damit Sie Ihren Ausgleich der vier verschiedenen Rollen finden.

Kommen Sie mit, dann zeige ich Ihnen nacheinander diese Rollen einer selbstbewussten, selbstbestimmten und erfüllten Frau und wie Sie Ihre Balance zwischen allen schaffen. Freuen Sie sich: Gleich zu Beginn dieser Reise einmal rund um die Welt wird es temperamentvoll und wild!

Go, chica, go!

8. Mitten im Dschungel – Reise in die Wildnis

Ganz im Süden des Herzkompasses regiert die *Kämpferin*. Der Süden steht für die Wildheit, den Dschungel, wo wir uns durchkämpfen müssen, die Wüste, wo wir uns verlieren und die Herausforderungen, die wir täglich im Leben haben. Wir alle haben unsere Kämpfe. Wir alle haben Zeiten, in denen wir strampeln, uns abmühen und ringen. Jede von uns verdient eine Tapferkeitsmedaille.

Und weil ich in meiner Biografie als Kämpferin geboren bin, möchte ich mit Ihnen die Erkundung der Welt hier im Süden beginnen. Erst später habe ich mich den anderen Rollen geöffnet: die Liebende, die Denkerin und schlussendlich die Träumerin. Jede dieser Rollen beinhaltet Fähigkeiten, die ich mir für Sie, für mich, für uns alle wünsche: die Fähigkeiten, groß zu träumen, heiß zu lieben, wild zu kämpfen und immer den Vorsprung zu suchen, nicht zu Menschen, sondern für Menschen. Und wenn Ihnen das zu romantisch klingt, dann bitte ich Sie, werfen Sie mal einen Blick in die Geschichtsbücher, schauen Sie sich Romane, Filme und Geschichten an, in denen Menschen uns bewegt haben. Es sind immer großartige Persönlichkeiten, die genau aus diesem Holz geschnitzt sind: Sie haben einen Traum, sie bewegen damit Menschen, sie müssen wild kämpfen und setzen sich entschlossen nicht nur für sich, sondern auch für das große Ganze ein.

Ich weiß, dass in Ihnen Großartiges steckt. Und auch wenn Sie schon viel erreicht haben, so möchte ich Ihnen diese vier Rollen nahelegen, in der Hoffnung, dass Sie sie noch mehr bestärken. Nicht, dass Sie diese Rollen nicht schon in sich tragen. Aber wenn Sie Klarheit und das Bewusstsein haben, wann Sie im Leben besser aus dieser anstatt aus jener Rolle handeln und worum es in dieser Rolle geht, dann kann der Herzkompass Sie unbesiegbar machen. Jede dieser Rollen ist kraftvoll. Jede hat ihre Berechtigung. Schauen Sie sich jede Rolle genau an. Prüfen Sie Ihr Verständnis dazu. Gehen Sie jeder Rolle nach, wie gut Sie sie einnehmen oder nicht. Wenn Sie beginnen, mit dem Herzkompass zu navigieren, können Sie Vollgas geben und Situationen mit der einen Rolle meistern und nach Bedarf sekundenschnell von einer Rolle in die andere wechseln. Das ermöglicht Ihnen nicht nur, mit Klarheit und Kraft zu handeln, sondern eben auch, sich gezielt für sich selbst einzusetzen und das zu schaffen, was Sie wirklich wollen. Großartig zu sein und ein großartiges Leben zu leben sind keine Fantasien, sondern möglich. Aber das findet nicht im Außen, nicht in den Erwartungen anderer und nicht in Ihrer Fachkompetenz, sondern in Ihrer Herzkompetenz statt.

Freuen Sie sich also auf diese Rollen. Lassen Sie uns mit der Kämpferin beginnen.

Machen Sie den Shift.

Hägar

Mein Name ist Nicole. Meine Mutter suchte diesen Namen für mich aus, weil sie als Babysitterin einmal ein braves süßes Kind mit diesem Namen betreut hatte. Doch ich hatte mit diesem sanften Windelpaket nicht das Geringste gemein. »Hägar« hätte viel besser zu mir gepasst. Jedenfalls hatte der eine Junge im Kindergarten sofort eine blutige Nase, als er mir »Waisenkind« nachbrüllte. Das mit den Fäusten habe ich bald sein lassen. Ich begriff schnell, dass man, um Kämpferin zu sein, nicht kriegerisch sein musste. Ich fand andere Möglichkeiten.

Ich bin zwölf oder dreizehn Jahre alt. Ich bin wie so oft allein zu Hause. Meine Mutter ist arbeiten, mein Stiefvater auch. Aber mir ist nicht langweilig. Mir fällt immer etwas ein. Ich verkleide mich als Geisha. Gerade stecke ich die letzte Haarsträhne hoch, als es klingelt. Mit Trippelschritten wegen des eng gewickelten Kimonos gelange ich zur Tür und öffne sie. Vor der Tür steht die Hausmeisterin. Die stämmige Frau hat die Hände in die Seiten gestemmt und mustert mich unfreundlich.

Sie raunzt mich an: »Unten im Hof liegt ein zerfledderter Müllsack. Der ist bestimmt von euch. Du gehst jetzt da runter und kehrst den gefälligst zusammen.«

Ich zucke nicht mit der Wimper und schaue ihr unerschrocken in die Augen. Nur weil sie uns nicht leiden kann, muss das noch lange nicht unser Abfall sein. Dann verbeuge ich mich in meinem Kimono vorsichtig, damit mein aufgestecktes Haar nicht durcheinanderkommt, spitze die kirschrot geschminkten Lippen in meinem weißen, mehlbestäubten Gesicht und antworte in würdevollem Ton: »Domo arigato, sayonara, liebe Frau Gamma. Sie stören mich bei meiner Teezeremonie.« Der Mund der Hausmeisterin bleibt offen. Und ich schließe die Tür. Sie klingelt auch kein zweites Mal.

Später steht meine Nachbarin von nebenan an meiner Tür. »Ich hab alles gesehen! Der hast du's aber gezeigt!« Und sie machte mit dem Arm eine Bewegung wie für einen Kinnhaken.

Auch wenn ich ein Teenager war, ihre Meinung interessierte mich nicht. Ich hatte damals keine Ahnung, was ich tat und das Letzte, was ich wollte, war »es der Hausmeisterin zu zeigen«. Ich wollte mich lediglich nicht von ihr niedermachen lassen.

Die Rolle einer Kämpferin bedeutet nicht, jemandem einfach aufs Maul zu hauen oder es jemandem zu zeigen. Eine wahre Kämpferin lässt sich von anderen nicht einschüchtern, auch wenn die scheinbar stärker oder mächtiger sind. Sie steht für sich ein und lässt sich nicht die Butter vom Brot nehmen. Ich würde mir wünschen, dass Frauen viel kämpferischer sind! Ich begegne beruflich und privat immer wieder fantastischen und beeindruckenden Frauen. Trotzdem stelle ich fest, dass sie sich oft zugunsten anderer einschränken. Sie lassen sich beeinflussen, von dem, was andere von ihnen denken und von dem, was sie glauben, dass andere von ihnen denken und vermeintlich von ihnen erwarten. Sie fühlen sich verpflichtet, es allen recht zu machen, oft auf Kosten ihrer selbst. Sogar gestandene Frauen trauen sich viel zu wenig zu. Sie liebäugeln mit einer höheren Position, einem größeren Geschäft und einem cooleren Leben – und weisen sich den kleineren Platz zu. Klingt das auch bei Ihnen an? Können Sie sich vorstellen, dass Ihr Herz viel größer ist, als das, was Sie sich trauen, im Moment zu leben? Können Sie sich vorstellen, dass Sie mehr Angst haben vor dem, was Sie *sein könnten*, und nicht vor dem, was Sie *nicht können*?

Unsere größte Angst ist nicht, dass wir nicht genügen. Marianne Williamson, eine amerikanische Aktivistin sagt so treffend: »Unsere größte Angst ist, dass wir mächtig sind jenseits aller Maße. Es ist unser eigenes Licht, das wir fürchten, nicht unsere Dunkelheit. Wir fragen uns: Wer bin ich denn, um brillant, schön, talentiert und fabelhaft zu sein? Vielmehr sollte die Frage aber lauten: Wer bist du denn, um nicht deine Größe zu sein? Wenn Sie sich klein halten, nützen Sie nichts und niemandem. Wir wurden geboren, um unsere Größe zu zeigen. Und wenn wir uns erlauben, unser Licht scheinen zu lassen, dann geben wir anderen Menschen die Erlaubnis, das Gleiche zu tun.«

Trauen Sie sich mehr! Dann kommt mehr! Lassen Sie sich nicht einschränken durch Ihre Angst, durch andere Meinungen, durch Umstände, durch Hirngespinste. Richten Sie es sich nicht bequem in Ihrer Schachtel ein, erst recht nicht zugunsten der anderen. Verharren Sie nicht und halten tapfer den Schmerz aus. Tapfer ist vielmehr, wenn Sie sich für sich selbst einsetzen, wenn Sie Ihre Stimme erheben und sich Gehör verschaffen. Tapfer ist, wenn Sie sich nicht um andere Meinungen kümmern. Tapfer ist, wenn Sie den Mut haben, sich hinzusetzen und niederzuschreiben, wer und wie Sie sein wollen. Und Mut ist, wenn Sie sehen: Da ist noch so viel Raum nach oben – und beginnen, diesen Raum zu füllen.

> *Bei der Kämpferin geht es um den*
> *Shift von der Angst zum Mut.*

Durch die Wüste

Mit diesem Mut können Sie jederzeit für sich einstehen – in jeder Lage, überall auf der Welt. Auch in brenzligen Situationen.

Jean-Pierre, ein Freund von mir, leitet eine Station des Internationalen Roten Kreuzes im Nordwesten von Pakistan, nahe an der Grenze zu Afghanistan. Ich habe großen Respekt für die Menschen, die beim IKRK arbeiten. Ich freue mich, dass ich das Privileg bekomme, ihn und die Station in diesem wilden Land zu besuchen, in dem die Landschaft atemberaubend ist und die Menschen kämpferisch sind.

Ich hatte schon mehrere Male die Gelegenheit, dort zu reisen. Es ist, als ob man in eine andere Zeit zurückversetzt wird. Gefühlt trägt jeder eine Kalaschnikow über der Schulter. Hier scheint man nichts anderes kaufen zu können als Waffen und Munition. Ich frage einen Händler um Erlaubnis, ob ich ihn fotografieren darf. Er macht mir ein Zeichen: »Moment.« Ich schlucke, aber er richtet nur seinen Patronengürtel und wirft sich stolz in Pose.

In der IKRK-Station herrscht reges Treiben. Das Spital ist voll. Vielen Menschen fehlt eine Hand, ein Bein oder ein Arm. Das Gebiet ist immer noch vermint. Wenn wir unterwegs sind, fahren wir deshalb auf einer schmalen Piste. Sobald ein Auto entgegenkommt, muss der eine oder der andere bis zu einer Ausweichstelle rückwärtsfahren, um aneinander vorbei zu kommen. Von der Piste herunterzufahren wäre zu gefährlich. Nach ein paar Tagen Aufenthalt mache ich mich auf die Heimreise via Karachi zurück in die Schweiz. Ein Kollege meines Freundes fährt mich zum lokalen Airport. Auf dem Rollfeld steht wie aus einem Film ferner Zeiten eine traumhaft schöne DC3. Doch auf dem Flughafen herrscht Chaos. Keiner weiß, ob der Flug stattfinden wird. Alle palavern wild durcheinander. Wenn ich etwas frage, schreit man nur: »Urdu! Urdu! Urdu!« Niemand spricht Englisch. Ich habe keine Ahnung, was los ist. Ich weiß nur: Ich muss meinen Flieger in Karachi morgen früh erwischen, sonst riskiere ich meinen Job.

Ich habe drei Möglichkeiten: Entweder ich warte hier und hoffe, dass das Flugzeug in absehbarer Zeit doch abheben kann. Damit riskiere ich, dass ich meinen Anschlussflug verpasse. Oder ich fahre vom Airport in die nahegelegene Stadt und frage in einem Reisebüro, ob der Flug geht oder ausfällt. Falls dieser Flieger hier aber in der Zwischenzeit startet, fliegt er ohne mich. Die dritte Möglichkeit ist, dass ich auf Nummer sicher gehe und mir einen Fahrer suche, der mich die 800 Kilometer durch die Wüste in die Provinz-

hauptstadt bringt. Der Weg führt durch Off-zone-Gebie-
te. Das heißt, dass es sich zwar offiziell um pakistanisches
Staatsgebiet handelt, de facto aber von lokalen Fürsten
nach eigenen Gesetzen regiert wird. Dort durchzufahren ist
schon für Männer gefährlich, für eine Frau erst recht. Die
Zeit drängt. Schlussendlich entscheide ich mich für diese
Variante. Einem Geschäftsmann, der vorher lautstark ver-
kündet hat, dass er unbedingt sofort nach Karachi muss,
biete ich an, dass er mitfahren kann. Er lehnt ab mit der Be-
gründung: »Zu *gefährlich.*«
   Ich rufe Jean-Pierre an, der mich für verrückt erklärt.
Da er aber merkt, dass ich wild entschlossen bin, sagt er:
»Dann *nimm unseren Jeep. Der ist als Rot-Kreuz-Fahrzeug*
gekennzeichnet. Ich schicke dir einen Fahrer mit.«
   Es ist inzwischen Abend geworden. Wir müssen also die
Nacht durchfahren, um noch eine Chance zu haben. Mein
pakistanischer Fahrer zittert vor Angst und fleht mich an,
die ganze Zeit mit dem Kopf unten zu bleiben, damit mich
niemand sieht. Ich zwänge mich also in den Beifahrerraum.
Ich bin todmüde, kann aber nicht schlafen. Mein Chauf-
feur fährt so unglaublich langsam! Um das Rumpeln und
den Motor zu übertönen, schreie ich immer wieder, dass er
schneller fahren soll oder ich sonst das Steuer übernehme ...
   Wir sind Stunden unterwegs. Irgendwann hält er ab-
rupt an. Ich schrecke auf und frage, was los ist. »In schā'
Allāh«, *sagt er und will es sich bequem machen. Ich checke*
die Lage: Vor uns sind zwei Autos kollidiert – und blockie-
ren die Schotter-Piste! Keiner kommt vorbei, weil ausge-
rechnet rechts und links riesige Sanddünen aufragen! Wäre
das in einem Film passiert, würde man es als surreal be-
zeichnen. Ich meine, Herrgott! Es ist zwei Uhr morgens!
Wir sind mitten in der Wüste und nicht in einer Rushhour
in Downtown New York!
   Die Wartenden haben sich hingekauert und trinken
Tee. Niemand macht Anstalten, die Straße zu räumen. Ich

schaue entnervt auf die Uhr. Nur noch ein paar Stunden und wir haben noch einen weiten Weg. Ich sage zum Fahrer: »Geh raus und sag ihnen, dass sie die Autos zur Seite schieben sollen.«

Er antwortet entgeistert: »Nein!«

»Was, nein?« *Ich bin verblüfft.* »Wenn du nicht gehst, gehe ich«, *drohe ich.*

Er steigt nicht aus, er fliegt. Das würde ihm gerade noch fehlen, eine zeternde weiße Frau im Taliban-Gebiet! Er erreicht tatsächlich, dass die Männer uns den Weg freiräumen und wir weiterfahren können.

Wir schaffen es. Völlig verschwitzt ziehe ich im Auto meine beste Bluse aus dem Rucksack, setze eine würdevolle Mine auf und tue so, als sei ich wie aus dem Ei gepellt. Ich arbeite bei der Swissair und wir haben Kleidervorschriften, wenn wir reisen. Und die beinhalten keine verstaubten Hosen. Ich eile mit meinem Standby-Ticket durch die Sicherheitskontrolle und hechte gerade noch zum Schalter, bevor sie das Gate schließen.

Ein kleingewachsener Mann mit dicken Goldschulterklappen und breiten Goldstreifen am Ärmel seiner Uniform wedelt dort wichtig mit Papieren herum. Er gibt sich sehr beschäftigt. Ich lege mein Ticket auf den Schalter, doch er wischt es einfach weg.

»The flight is full«, *sagt er trotz seiner Körpergröße von oben herab.*

Ich koche. Ich bin total übermüdet. Nicht in dieses Flugzeug zu steigen ist keine Option. Ich fliege! Ich hab doch diesen abenteuerlichen Wettlauf mit der Zeit und diese wilde Fahrt durch die Nacht nicht gemacht, um jetzt von diesem Wicht abgewiesen zu werden.

Ich überlege keinen Augenblick. Ich beuge mich zu ihm herunter. Meine Nase trifft fast seine Nase und ich zische: »I KNOW THE CAPTAIN!«

Selbstverständlich kenne ich den Kapitän nicht, aber

irgendetwas muss ich ja erfinden. Wie aus der Pistole ge-
schossen und fast mitleidheischend krächzt der Goldpatten-
träger kleinlaut: »*Okay! You're flying first class!*«
Als Allerletzte steige ich in dieses Flugzeug. Die Kabine
ist wirklich proppenvoll. Ich lasse mich auf meinen Platz
fallen und schlafe vor Erschöpfung sofort ein.

Natürlich war es gefährlich, was ich getan hatte. Natürlich war ich ein großes Risiko eingegangen. Natürlich hatte ich den Fahrer gepusht. Das ist mir heute noch ein bisschen peinlich. Schließlich war er sehr nett zu mir. Aber ich war jung, ungestüm und konnte nicht tatenlos zusehen, wie ich – erfahrungsgemäß vielleicht für Tage – festsaß. Ich wollte nicht, dass Umstände über mich bestimmten. Ich wollte auf keinen Fall meinen Job gefährden. Also suchte ich eine Lösung – und ging, trotz Angst.

Wenn ich mit Menschen arbeite, sind sie oft im politischen Dschungel von Großkonzernen. Ich sage das im Ernst. Ich würde mir mehr Kampfgeist wünschen: nicht im Sinne von Wettbewerb, sondern mehr im Sinn von Kreativität und Einfallsreichtum. Was gibt es für Lösungen, komplett andere Wege zu gehen, auch verrückte, scheinbar unmögliche? Ich würde mir mehr Mut wünschen, aber nicht kopfloses Handeln: Wie kann ich für mich selbst einstehen – und das nicht auf Kosten anderer? Ich würde mir mehr Durchhaltewillen wünschen: Wann gebe ich auf, auch wenn ich schon zigmal mit dem Rücken an der Wand stand oder wenn es wirklich, wirklich schwierig wird? Es gibt Menschen, die warten auf Möglichkeiten. Es gibt Menschen, die sehen Möglichkeiten. Und es gibt Menschen, die schaffen Möglichkeiten. Zu welchen gehören Sie?

Die Rolle der Kämpferin beinhaltet Kampfgeist, aber mit Gerechtigkeit, Ausdauer, Kreativität und einer gehörigen Portion Mut. Warten Sie nicht ab, bis sich die richtigen Chancen ergeben, wenn es um Sie, Ihr Leben und Ihren

Traum geht. Die Zeit ist jetzt. Sie ist immer perfekt. Beginnen Sie *jetzt*, wenn Sie etwas ändern wollen. Lassen Sie sich etwas einfallen. Ziehen Sie es durch. Jetzt.

Ich würde mir mehr von dieser Art von Kampfgeist in den Epizentren der Macht wünschen. Während ich großen Respekt für viele »Kriegerinnen« und »Krieger« der Arbeitswelt habe, weiß ich auch um die Einsamkeit und emotionalen Kargheit der »Kommandanten«. Der Kampfgeist in einer Alphakultur findet nur im »Ich« und nicht im »Selbst« statt. Da braucht es noch viel Herzenergie. Das ist nicht einfach ein nettes, softes Wort, der Hinweis darauf und die Klarheit dazu wird in meiner langjährigen Arbeit mit Topmanagern immer dankbar entgegengenommen.

Die Alpha-Welt

Weil ich mein Studium abgebrochen hatte und nicht wusste, was ich tun soll, bewarb ich mich kühn für eine Topposition. Ich hatte ja nichts zu verlieren – und bekam sie! Von einem Moment auf den anderen wurde ich in die Welt der Mächtigen und Reichen katapultiert. Es war der Beginn einer steilen Karriere. Ich bekam große Budgets anvertraut und eine noch größere Verantwortung. Das klingt jetzt vielleicht danach, als wäre mir die Karriere auf dem Silbertablett präsentiert worden. Aber der Druck war riesig, meine Gegner mächtig, die Sprüche in den Gängen saublöd. Wie konnte diese junge Frau, die nicht mal vom Fach war, einfach ins Zentrum der Macht spazieren und dazu noch mit den besten und wichtigsten Kunden weltweit Beziehungen herstellen?!

Ich verstand allmählich, dass ich wider Willen im Wettbewerb mit allen stand. Die Versuchung lag nahe, die Alpha-Strategie zu kopieren, um mich zu behaupten. Doch das wollte ich nicht. Mangelnde Unterstützung, fehlende Goldmedaillen und null Erfahrung kompensierte ich mit harter Arbeit und einem gigantischen Leistungswillen – den hatte ich ja im Wettkampfsport gelernt.

Ja, ich war einsam in dieser Männerwelt. Ja, es war anstrengend. Ja, es tat weh: Ich habe viele Nächte Tränen der Wut und der körperlichen und emotionalen Erschöpfung geweint. Aber jeden Morgen bin ich mit meinem Nike-Mantra aufgestanden: »Just do it!« Aufgeben war keine Option. Also habe ich gekämpft und habe oft gewonnen. Aber sehen Sie, all das ist nichts im Gegensatz zu dem, was viele Frauen überall auf der Welt mit ihrem Mut und ihrem Durchhaltewillen erreichen. Frauen können so unglaublich stark, mutig und wirkungsvoll sein.

> *Von dieser weiblichen Kampfkraft*
> *braucht es mehr auf allen Ebenen.*

Neben diesem Mut, dieser enormen Stärke und dem Durchhaltewillen zeichnet diese Kraft noch etwas anderes aus.

Gegen alle Widerstände

Meine Speaker-Agentur sagt, ich muss ein Buch schreiben. »Was?!« Ich will kein Buch schreiben. Ich weiß nicht, wie man ein Buch schreibt. Ich habe keine Ahnung, was ich in einem Buch schreiben soll. Ich sträube mich wie ein Hund vor der Badewanne. Tja, und dann kommt alles anders.

Die Agentur bringt mich mit einer tollen Frau zusammen, die für mich das Buch schreiben soll. Ein Verleger ist auch schon gefunden: eine beeindruckende Persönlichkeit in der europäischen Buchlandschaft, die bereits Bill Clinton verlegt hat. Als wir bei ihm zu Besuch sind, schwitzt München in der Hochsommerhitze. Ich sitze mit schiefem Lächeln vor ihm. Mein Kleid klebt an meinem Rücken, nicht nur wegen der Temperatur. Mit strengem Blick schaut er mich an. Als ich meinen Mund öffne und ein paar Worte sagen will, donnert er: »Die Welt braucht Heilung! Auch in den Chefetagen. Sie können das. Liefern Sie mir das Buch in vier Monaten!«

Äh, ich habe weder Konzept noch eine Ahnung, ob das in so kurzer Zeit möglich ist. Unsicher schiele ich zu meiner Co-Schreiberin. Sie nickt. Und ich bin gerührt ob so viel Vertrauen, vor allem vom Verleger.

Das sind gute Aussichten. Aber dann geht alles schief. In den wenigen Monaten, die bis zum Abgabetermin bleiben, bin ich fast ununterbrochen mit Vorträgen zum Thema »Führung der Zukunft« auf der Bühne unterwegs. Fieberhaft verschlinge ich alles, was mir dazu in die Finger kommt und mache, ohne dass ich es realisiere, einen Quantensprung.

Als ich am 1. Dezember das Manuskript lese, bin ich entgeistert: Es stimmt nichts mehr mit meinem Wissensstand überein. Ich kann das unmöglich veröffentlichen. Hätte mein Verleger nicht so ein unsägliches Vertrauen in mich ausgesprochen, hätte ich das Buch abgesagt. Aber ich will ihn nicht enttäuschen.

Noch 27 Tage bis zum Abgabetermin. Meine Co-Schreiberin ist in den Ferien. Mein Haus steht unter Wasser, weil ein Rohr gebrochen ist. Und jeder, den ich um Hilfe bitte, lacht mich aus. Wie durch ein Wunder finde ich einen deutschen Journalisten, der in Kambodscha lebt und der mir die Recherche abnimmt. Dann finde ich einen Professor, der mich inhaltlich unterstützen wird. Ob das kein Problem sei, dass er gerade in Kapstadt ist, frage ich ihn. »Was soll daran problematisch sein?«, erwidert er cool.

»Stimmt«, sage ich.

Und so arbeiten wir auf drei verschiedenen Kontinen-

ten zu dritt wie verrückt an diesem Buch. Ich arbeite zu Hause in einer Baustelle. Während erst im oberen, dann im unteren Stockwerk mit dem Presslufthammer die Böden herausgerissen werden, um den Wasserschaden zu reparieren, ziehe ich ins jeweils andere Stockwerk um. Ich schreibe und telefoniere wegen der Zeitverschiebungen gefühlt Tag und Nacht. Ich interviewe fast alle Persönlichkeiten, die ich mir notiert habe: zum Beispiel den TED-Direktor von Europa, Bruno Giussani, die Unternehmerlegende Ricardo Semler, den Zukunftsforscher Matthias Horx, den Zappos-Gründer Tony Hsieh, den Weltmarktführer in Sachen Beton Thomas Schmidheiny, den Warren Buffet der Schweiz, Rainer-Marc Frey – und Bill Gates. Viele, über die ich Kontakt suche, sagen: »Spinnst du?« Aber meine Freunde trauen mir alles zu.

Und wir schaffen es. Am Tag der Abgabe bin ich fix und fertig. Die letzten Arbeiten habe ich in Los Angeles und im Silicon Valley gemacht, mit 15 Stunden Zeitverschiebung zu Kambodscha ... aber wir haben erreicht, was wir wollten.

Ich habe nie in Frage gestellt, dass wir das schaffen. Auch wenn mich alle ausgelacht und mir gesagt haben, ich könne kein Buch in so kurzer Zeit und in guter Qualität schreiben. Ich hatte diesen unerschütterlichen Glauben: Es geht. Und es kommt gut. Scheitern ist einfach keine Option. Ich weiß nicht, wie Sie das »Scheitern« definieren. Ich finde, wenn Sie aufgeben, dann sind Sie gescheitert. Aus allem, was nicht geklappt hat, können wir viel lernen und es beim nächsten Versuch besser machen. Thomas A. Edison hat angeblich zehntausend Versuche gebraucht, um eine marktfähige Glühbirne zu entwickeln. Er hat dazu nur stolz gesagt: »I have not failed. I've just found 10.000 ways that won't work.« – »Ich bin nicht gescheitert, ich habe nur zehntausend Wege gefunden, wie es nicht funktioniert.«

Eine Kämpferin hat die Haltung, dass es einfach geht.

Sie weiß, sie kann das und sie kann das gut. Wenn uns andere nichts zutrauen, müssen wir es uns selbst zutrauen können. Wer sonst? In uns steckt viel mehr, als wir glauben. Und oft ist es unter größtem Druck, dass wir zu Höchstform auflaufen, denn wir haben eine Größe in uns, die wir noch nicht annähernd ausgedrückt haben. Und die kann sich tatsächlich nur entfalten, wenn wir uns trauen. Nur wenn wir etwas wagen, wachsen wir.

Trotzdem! Das Wachstum und die Angst

Wachstum findet nur außerhalb unserer Komfortzone statt. Um zu wachsen, müssen Sie sich also trauen, sie zu verlassen und sich auf unsicheres Terrain wagen. Das ist mit Risiko verbunden und ein Risiko einzugehen macht Angst.

Schlecht ist das nicht. Im Gegenteil: Angst zu haben hat etwas Gutes. Unsere Angst ist nichts anderes als eine Strategie unseres Inneren, um uns vor Gefahren zu warnen und vor Risiken zu bewahren. Sie macht uns aufmerksam und verhindert, dass wir blindlings in bedrohliche Situationen stolpern.

Im Coaching sagen wir:

Wo die Angst ist, ist der Weg.

Ich weiß noch, wie ich mit einem Freund, einem Extremsportler, in den Alpen unterwegs war. Wir bestiegen den Mönch, einen Gipfel gleich neben dem berühmten Eiger und der Jungfrau. An einer Stelle fiel das Gelände unmittelbar links und rechts vom Weg steil und ewig weit ab. Ich bin die Berge gewohnt. Ich liebe Berge. Aber an dieser Stelle hatte ich solche Angst. Ein falscher Tritt hier und ich war weg.

Meine Knie wurden weich, ich knickte fast ein. Ich hätte mir fast in die Hosen gemacht! Doch ich wusste: Ich muss selbst da durch, aber nicht alleine. Ich hatte einen erfahrenen Bergführer an meiner Seite, doch ich war für meine Schritte selbst verantwortlich. Ich fluchte innerlich. Wollte ich da hinüber? Ja, ich wollte. Also ging ich, trotz meiner Angst.

Ich kam über die Stelle und bis zum Gipfel. Das Gefühl war wunderbar, denn ich hatte mich selbst überwunden.

Vor vielen Jahren lernte ich Bertrand Piccard kennen, den Schweizer Psychiater, der als erster Mensch die Welt mit einem Heißluft- und Gasballon umkreiste. Die ersten beiden Versuche misslangen – der zweite allerdings nur, weil er China nicht überfliegen durfte und deshalb die Reise in Burma abbrechen musste. Doch er ist ein Kämpfer par excellence und deshalb startete er 1999 erneut. Er schaffte die erste Weltumrundung mit einem Ballon innerhalb von neunzehn Tagen, 21 Stunden und 47 Minuten ohne Zwischenlandung – nur vom Wind getrieben. Später wiederholte er seine Weltumrundung mit einem Solarflugzeug. Er stellte insgesamt sieben Weltrekorde auf, bekam den olympischen Orden verliehen und zahlreiche weitere Ehren. Doch um die Auszeichnungen ging es ihm nie. Ihn interessierten das menschliche Verhalten und die Beobachtung der verschiedenen Bewusstseinsebenen in Extremsituationen und er nutzte seine Abenteuer, um auf aktuelle Herausforderungen der Menschheit aufmerksam zu machen. Wir saßen beim Tee und ich fragte ihn, ob er eigentlich nicht jedes Mal entsetzliche Angst vor seinen Aktionen gehabt hätte. »Doch«, gab er unumwunden zu. Was er dagegen täte? »Ich fliege trotzdem«, war seine Antwort.

Auch Kämpfer haben Angst. Von Bertrand habe ich gelernt: Auch wahre Helden haben Angst, aber sie gehen trotzdem. Es hilft auch nicht, die Angst zu ignorieren: Dadurch verschwindet sie nicht. Sie führt nur dazu, dass Sie nicht gehen. Dann haben Sie verloren. Diese Erkenntnis nutze ich auch im Coaching.

Ich habe eine Coachee, die gerade eine kometenhafte Karriere macht.

Sie ruft mich an und sagt verzweifelt: »Nicole, ich habe die ganze Zeit von diesem Aufstieg geträumt. Jetzt, wo es passiert, glaube ich, ich kann das nicht!«

Ich antworte: »Natürlich kannst du das. Du hast Angst.«

»Angst?«, fragt sie erstaunt und überlegt kurz. Dann sagt sie zögernd: »Stimmt.«

»Gut so«, erwidere ich. »Du bist auf dem richtigen Weg. Du hast Großes vor, da gehört Angst dazu.«

»Meinst du?«, fragt sie fast erleichtert.

»Ja«, sage ich, »und jetzt, wo du sie erkannt hast, können wir mit dieser Angst arbeiten.«

Was Kämpfer erfolgreich wachsen lässt, ist der richtige Umgang mit der Angst. Der Bergsteigerfreund, von dem ich vorhin sprach, ist auch leidenschaftlicher Paraglider. Er hat mir erklärt: »Nicole, wenn du mit dem Gleitschirm auf den Berg gehst, musst du immer abwägen: Was ist der richtige Moment, um zu springen? Die Situation kann Angst machen – ja. Aber du musst die Bereitschaft haben, das Risiko anzunehmen. Gleichzeitig musst du den Mut und die Größe haben, zu erkennen und zu akzeptieren: ›Nein, es ist heute zu risikoreich‹, deinen Schirm zusammenzupacken und wieder hinunterzugehen.«

Auf den richtigen Moment zu warten und das Risiko einzugehen, hat nichts mit Fahrlässigkeit zu tun, sondern mit abgewogener Risikobereitschaft. Manche Extremsportarten wie Base-Jumping gehen über diese Grenze hinaus. Da ist die Sehnsucht nach dem Kick größer, als der Wunsch zu leben – und das ist es nicht, was ich mit dem Shift von der Angst zum Mut meine. Diese Menschen sind im Außen auf der Suche nach etwas, was sie doch nur in ihrem Inneren finden können.

Vertrauen Sie sich selbst und machen Sie den Shift!

Der Shift des Südens

Sie unterdrücken Ihre Angst nicht, sondern Sie lassen sie zu. Was Sie allerdings nicht zulassen, ist, dass Ihre Angst Sie blockiert. Sie nehmen sie zum Anlass, die Situation mit allen Sinnen und klarem Verstand zu prüfen. Ist diese Angst berechtigt? Oder zeigt sie Ihnen nur den Weg, wie Sie über sich selbst hinauswachsen können?

Lassen Sie die Angst nicht mehr zu Ihrer Fessel werden. Ändern Sie die Verdrahtung zwischen Risiko und Abwehr in Risikoabschätzung und mutige Entscheidung. Nehmen Sie Ihre Angst an die Hand, nicht umgekehrt. Verwenden Sie den Paraglider als Bild: Akzeptieren Sie die Angst, warten Sie den richtigen Moment ab und springen Sie dann mutig und entschlossen los.

Lassen Sie die Angst Ihr Guide
sein, nicht Ihr Hindernis.

Mut hat nichts mit Fahrlässigkeit zu tun. Lernen Sie das Risiko einzuschätzen – und trauen Sie sich etwas zu. Sie werden daran wachsen!

Wir Frauen haben oft Angst, unsere Stimme zu erheben. Aber wir haben auch Angst, nicht zu sprechen. Wenn wir es also so oder so mit der Angst zu tun haben, könnten wir doch auch gleich den Mund aufmachen und für uns selbst und unsere Sache einstehen, nicht wahr?

Haben Sie die Courage, kämpferischer zu sein! Machen Sie es wie Bertrand Piccard: Fliegen Sie trotzdem. Courage kommt vom lateinischen Wort »cor«. Das heißt Herz. Fassen Sie sich also ein Herz. Gehen Sie dem nach, was Sie bewegt. Stehen Sie dafür ein. Und wenn Sie Angst haben, gehen Sie trotzdem! Go chica, go!

9. Stadt der Liebe – die Reise zum Selbst

In der Kunst des Kampfes war ich geübt. Ich hatte mir die beneidenswerten Eigenschaften einer Amazone angeeignet: den Handgreiflichkeiten des Lebens furchtlos zu begegnen und niemals aufzugeben. Ich werde wohl immer eine Kämpferin bleiben und mich in der Wildnis nie geschlagen geben. Aber nun stand ich vor dem größten Wendepunkt meines Lebens. Zwar war ich eine Einzelgängerin, aber nicht aus dem Holz eines Eremiten geschnitzt. Ich lebte ein Leben im Expresstempo, doch sehnte ich mich nach Beziehung, Geborgenheit und Ruhe. Die Kämpferin alleine kann sich kein erfülltes Leben erstreiten, so kühn und verwegen sie auch auftritt. Deshalb bin unendlich dankbar, dass mich mein Weg weitergeführt hat, nach Westen.

Der Westen stand schon immer für Aufbruch. Und es ist ein großer Aufbruch, wenn Sie sich aus der Rolle der Kämpferin heraus der nächsten Rolle öffnen: der Liebenden. Sie ermöglicht Ihnen einen völlig anderen Kontakt zur Welt. Sie erinnern sich vielleicht an die sechs menschlichen Grundbedürfnisse, wie sie Tony Robbins beschrieben hat und wie ich sie Ihnen in Kapitel 3 vorgestellt habe: *love and connection* ist eines davon. In der starken *Rolle der Liebenden* können Sie dieses Bedürfnis stillen und die Qualität Ihres Lebens enorm steigern.

Let's go west, chica!

Entdeckungsreisende – vom Geist zum Herzen

Reisen ist für mich wie die Luft zum Atmen. Ich bin schon als Baby gereist. Mama sparte jeden Rappen und nahm mich überallhin mit. Auch nach dem Abitur war das Reisen mein Fluchtpunkt, raus aus dem Umfeld, das mich nicht wollte, rein in die Welt, wo mich keiner kannte. Wo ich, allein auf mich gestellt, mein Kämpferherz unter Beweis stellen konnte. Ich hatte nie Wurzeln. Aber immer Flügel für die Welt. Wahrscheinlich bewarb ich mich deshalb als Flight Attendant bei der Swissair. Dort konnte ich meine unendliche Neugier auf den Globus stillen. Ich reiste in meiner Berufszeit. Ich reiste in meiner Freizeit. Ich reiste in meinen Träumen in meiner Schlafenszeit. Ich glaube, ich bin mit jeder verdammten Adios Amigos Airline geflogen, die es überhaupt gab. Dabei entdeckte ich meinen persönlichen Sport.

Ich wollte jeden Passagier, der mit einem verschlossenen, wie zugenähten Gesicht das Flugzeug betrat, »knacken«.

Jeden! Unnahbare Geschäftsmänner genauso wie coiffierte Ladys, verbittert dreinschauende Senioren wie grimmig Tätowierte. Mein Ziel war, sie im Inneren zu erreichen und im Außen zum Strahlen zu bringen. Und es klappte! Ich entdeckte, wie mächtig die Herzkraft ist. Ich stieß auf eine ungeheure Resonanz, sogar bei den unzugänglichsten Passagieren. Von da an war ich nicht mehr nur Kämpferin, sondern auch Liebende. Und das hat mein Leben verändert.

Wenn Sie zu jemandem eine Beziehung aufbauen und ihm das geben, was er sich wünscht, wird sein Leben massiv besser. Und es gibt eines, was sich alle wünschen. Schauen Sie genau hin: Jeder, wirklich jeder trägt ein großes Plakat vor sich her, auf dem steht: »Bitte nimm mich wahr. Erkenne mich.« Das größte Geschenk, dass Sie ihm geben können, ist, ihm diesen Wunsch zu erfüllen und ihm das Gefühl zu geben, dass er als Mensch wichtig ist. Es ist das Gefühl, wahrgenommen zu werden. Ohne dieses Gefühl gehen wir zugrunde.

Das Leben findet in Beziehungen statt. Beziehungen bestehen aus Emotionen. Und die Qualität unseres Lebens hängt eins zu eins davon ab, wie wir uns fühlen. Gelingt es Ihnen, positive Gefühle zu erzeugen, tragen Sie aktiv zum besseren Leben des anderen bei – und zu Ihrem eigenen.

Sie machen den Schritt von seinem Geist zu seinem Herzen.

Der Kern eines Beziehungsaufbaus besteht immer aus Liebe. Nicht eine sentimentale oder aufgesetzte Liebe, nicht eine stürmische Verliebtheit, sondern eine wohlwollende Grundhaltung. Es geht darum, den Menschen zu mögen und sich ehrlich für ihn zu interessieren. Nicht für seine Funktion, sein Vermögen, seine Stellung, seine Rolle als Kundin, Kollege, Chefin, Dienstleister, Passagier oder Patientin. Sondern für ihn als Mensch mit Bedürfnissen, Sehnsüchten, Erfahrungen, Erlebnissen und Herausforderungen.

Das ist das Wesen der Liebenden: Das Gegenüber mit Wärme und Wohlwollen wahrzunehmen, es wertzuschätzen und bei Bedarf zu ermutigen oder auch zu trösten. Das funktioniert über sämtliche Sprachen, Grenzen, Generationen und Geschlechter hinweg.

Meine Mission

Das schönste Kompliment, das ich jemals für meine Arbeit bekommen habe und mir nicht im Traum vorstellen konnte, war: »Du bist das Herz und die Seele des Unternehmens.« Und ich weiß noch, wann ich dieses Kompliment zum ersten Mal bekam. Es war bei der wohl größten Bewährungsprobe für meine Rolle als Liebende überhaupt.

Es ist 6.00 Uhr am Morgen des 3. September 1998. Mein Telefon klingelt und ich hebe verschlafen ab. Ich bin Delegierte der Konzernleitung der Swissair. Ja, ich habe eine verantwortungsvolle Position, bei der viele Fäden zusammenlaufen, aber so früh ruft mich normalerweise keiner aus dem Unternehmen an.

Doch heute gibt es einen tragischen Anlass: Wir haben ein Flugzeug verloren. Der Swissair-Flug 111 von New York nach Genf ist vor der kanadischen Küste in den Atlantik gestürzt. Mit 215 Passagieren und 14 Besatzungsmitgliedern an Bord.

Schlagartig bin ich wach. Ich soll sofort los. Einen klaren Auftrag habe ich nicht, ich soll mich einfach kümmern.

Und nun sitze ich in dem Flieger, zusammen mit einigen eilig benachrichtigten Journalisten auf dem Weg nach Halifax. Dahin wollte die Luftaufsicht die verzweifelten Piloten nach ihrem Notruf noch lotsen. Die Maschine hat es nicht mehr so weit geschafft. Nur wenige Seemeilen vor der Küste ist sie abgestürzt.

Ich komme an und eile in den Konferenzraum, der für uns reserviert ist. Darin steht ein endlos langer Edelholztisch, der besetzt ist mit Menschen von unterschiedlichen Airlines. Alle sind sichtlich betroffen. Viele weinen. Einige liegen sich in den Armen, andere haben ihr Gesicht in den Händen vergraben. Die Menschen sind überwältigt. Ein Bild der totalen Trauer.

Ich schaue mich um. Mein Herz brennt. Aber mein Kopf bleibt seltsamerweise kühl. Ich kann meine überbordenden Gefühle wie auf die Seite schieben. Hier geht es nicht um mich. Meine Gedanken rasen: Was braucht es alles, damit wir mit den Familien, den Behörden und den Medien gut umgehen können? Ich bin sicher, dass das organisiert ist, kann aber niemanden erkennen, der sich darum kümmert. Die Zeit drängt. Die Augen der Welt sind auf uns gerichtet. Ich warte weiter. Da passiert nichts! Irgendwann fasse ich den Mut. Laut vernehmlich sage ich: »Bitte entschuldigen Sie meine Frage. Was tun wir, wenn die Familienangehörigen eintreffen?«

Alle Blicke richten sich auf mich.

»Ja«, sage ich, »das ist wichtig. Wo haben sie ihren geschützten Raum, wenn sie zusammenbrechen? Wo können sie essen? Wo können sie beten? Haben wir genug Hotelzimmer für sie? Und was machen wir mit den Journalisten?«

Viele nicken und einer sagt: »Ja, du hast recht. Mach doch du das alles.«

Plötzlich bin ich die Leiterin vor Ort. Mit gesundem Menschenverstand überlege ich mir die Bedürfnisse der Ankommenden. Demgemäß bespreche ich mit den Umstehenden die Ablauforganisation: Wie leiten wir die Ankommenden? Wer ist für sie da? Wo können sie ihren DNA-Test für die Identifizierung der Toten abgeben? Wie können wir ihnen den Besuch der Unfallstelle ermöglichen? Wie können wir ihnen Speis und Trank anbieten und den Kontakt nach Hause sicherstellen? Wie können wir ihnen noch dienen?

Mein einziges Werkzeug ist ein Riesenteil von Telefon. Ich wandere in diesem Hotelbereich auf und ab, hinter mir immer ein Tross von Menschen. Es gelingt uns eine hervorragende Organisation, auch weil alle vor Ort unglaublich empathisch und hilfsbereit reagieren. Es herrscht eine Atmosphäre von enormer Verbundenheit und Kooperation. Die Menschen begegnen sich mit Respekt und hoher Flexi-

bilität. Es fließt. Die Beziehungen funktionieren. Und wenn Beziehungen funktionieren, kann Großes entstehen. Das passiert hier gerade.

Das Care-Team ist jeden Abend beim Psychologen zur Aufarbeitung, nur ein paar wenige von der Station inklusive mir nehmen sich die Zeit nicht. Ich schlafe kaum, aber ich spüre die Erschöpfung nicht. So viele Menschen, die Unterstützung brauchen – wir können jetzt nicht ruhen. Aber nach Tagen unermüdlichen Daseins für die anderen verspüre ich das intensive Bedürfnis nach körperlicher Reinigung. Dass es dabei tatsächlich um eine psychische Reinigung geht, wird mir erst klar, als ich dem Stationsleiter sage: »Ich fliege schnell nach Hause, nehme ein Bad und bin gleich wieder da.«

Er schaut mich entgeistert an, aber ich meine es so. Fliegen ist für mich wie Busfahren. Mehr noch: Im Flugzeug ist »me time«. Niemand kann mich erreichen. Ich brauche Ruhe. Erst später verstand ich, dass ich eine seelische Dusche gebraucht hätte.

Er sagt: »Du kannst nicht gehen! Du bist das Herz hier, du versprühst diese Wärme. Und das brauchen wir hier.«

Also bleibe ich. Neun Tage später fliege ich nach Hause.

In den folgenden Tagen und Wochen treffen stapelweise Briefe und Dankeskarten von überall aus der Welt bei mir zu Hause ein. Unbekannte Menschen haben mich im Fernsehen gesehen und sich die Mühe genommen, mir zu schreiben! Dabei war ich nur ein kleines Rädchen unter all jenen, die geholfen haben. Aber für sie habe ich das getan, was sie auch gern getan hätten: Ich hatte das Privileg und die Ehre, den Menschen in dieser Situation zu helfen. Dafür bin ich heute noch dankbar.

Dieses Ereignis hat mein Leben verändert. Ich habe realisiert: Strukturen, Prozesse und Abläufe sind wichtig. Aber wenn wir den Menschen nicht abholen, dann sind sie nichts wert. Von diesem Tag an wurde mein Anliegen zu meinem Leitbild und meiner Mission: Das Herz ins Unternehmen hineinbringen. Und das hat mir all diese Stellen beschert. Ich musste mir nie mehr aktiv einen Job suchen. Die Jobs sind alle zu mir gekommen, sie wurden zum großen Teil sogar eigens für mich geschaffen. Entsprechend gab es keinerlei Stellen- oder Tätigkeitsbeschreibung, kein Anforderungsprofil, keine konkreten Vorgaben. Ich sollte einfach machen.

Der Schlüssel zu den Menschen

Ich bin fest davon überzeugt, dass die Fähigkeiten der Liebenden zu Schlüsselkompetenzen im 21. Jahrhundert werden – sowohl in der Führung im Business wie auch in allen anderen Bereichen. Mein erstes Buch »WE-Q: Wir-Intelligenz« handelt unter anderem davon. Wer seine Mitmenschen wahrnimmt, abholt und unterstützt, wird sie in die Lage versetzen, mehr zu leisten, als sie selbst für möglich gehalten haben.

Und noch mehr:

Sie können einen Menschen ausschließlich über Emotionen berühren.

Vielleicht kennen Sie die Geschichte von Rana June. Die junge Frau arbeitete als DJ, aber sie schmiss ihren Job. Sie spürte die Emotionen ihres Publikums, doch sie konnte sie nicht lesen. Ihr Ziel war es, diese Emotionen sichtbar zu machen. Sie gründete die Firma LightWave, um eine Technologie zu entwickeln, die Gefühle visualisiert. Und sie hat Erfolg mit diesem Brückenschlag zwischen digitaler Welt und den

Herzen, denn viele Unternehmen haben inzwischen erkannt, dass sie ihre Kunden nur erreichen, wenn sie deren Herz berühren: If we dont't understand people, we don't understand business. Dafür müssen sie die Emotionen verstehen. Doch im Alltag sind wir oft von diesem Verständnis und von einer Kultur der Liebenden weit entfernt. Emotionen zu zeigen und andere damit zu berühren, ist verpönt, ganz besonders in den Alpha-Kulturen. »No pain, no emotion« ist das Motto, erst recht in den Vorstandsetagen und in der Welt der Eliten. Ich habe praktisch mein ganzes Berufsleben darin verbracht. Ich habe mir immer wieder Bemerkungen anhören müssen, ich sei emotional. So als sei »emotional« automatisch so etwas wie »hysterisch«. Ich mache die Dinge mit Haut und Haar. Ja, es war mir eine Ehre, für Königin Silvia zu arbeiten in der Zeit, als ich für ihre Stiftung in den Königshäusern Europas unterwegs war, um Spenden zu sammeln. Aber es war auch die restriktivste Zeit meines Lebens: Begeisterung, Leidenschaft oder offene Freudenbekundungen zu offenbaren, ist dort wegen des royalen Protokolls und der höfischen Etikette untersagt.

> *Die Emotionen sind bitte an der Eingangspforte abzugeben.*

Ich vermute, dass Prinzessin Diana genau deshalb zur Königin der Herzen geworden ist. Sie führte ihren Kampf für Emotionen in einem eisernen Umfeld aus Protokoll und Disziplin. Die meisten Menschen konnten ihre Sehnsucht nachempfinden. Und als sie den Kampf verlor, trauerten sie um sie.

In dieser Welt (und auch sonst an vielen Orten) wird dem Bedürfnis nach Bedeutung *(significance)* das Bedürfnis nach *love and connection* vollständig untergeordnet. Das

Ergebnis eines solchen Lebens ohne Gefühlsregung ist, dass die Menschen emotional völlig unterernährt sind. Sie verzehren sich geradezu nach dem, was sie sich selbst versagen. Wie sehr, habe ich zum Beispiel anlässlich einer besonderen Veranstaltung erkannt. Ich hatte damals begonnen, für die größte Privatbank der Welt einen VIP-Club aufzubauen.

Es ist so weit: Der neue Club soll heute lanciert werden. Fast alle der geladenen Kunden sind gekommen. Sie verfügen über große Namen und noch größeren Reichtum. Einige rangieren in der Liste des Forbes Magazin unter den 500 wohlhabendsten Menschen der Welt. Ich habe viele Monate auf diesen Moment hingearbeitet. Natürlich ist auch die Chefetage unseres Private Bankings anwesend. Mit dem CEO habe ich den gesamten Ablauf abgesprochen – außer einer Sache: Bei meiner Abschlussrede will ich eine Geschichte erzählen. Die Autorin Jutta Bauer hat es in «Selma», einem hinreißenden Bilderbuch für Erwachsene, festgehalten und sie drückt sehr gut aus, was ich den Gästen sagen möchte. Ich fürchte nur, dass die Story dem CEO nicht gefällt. Also erzähle ich ihm nichts von meinem Plan, damit er nicht vorher Nein sagen kann.

Der Event läuft großartig, doch mir zittern die Knie, als ich vor die Gäste trete. Hoffentlich geht das gut.

Ich fange an zu erzählen: von Selma, dem Schaf, und der Frage, was Glück ist und worum es geht im Leben – nämlich, dass nicht Geld glücklich macht, sondern Beziehung. Erzählen Sie das mal einem Banker! Ich sehe, wie der versammelten Chefetage bei der Pointe die Gesichtszüge entgleisen: Meine Herren Generaldirektoren bekommen fast einen Schlaganfall. Und ich einen Augenblick später zum ersten Mal in meinem Leben Standing Ovations – natürlich von den Kunden!

Jeder Mensch braucht Liebe und Beziehungen, auch die, die vermeintlich alles haben. Die Liebende kann die Menschen an dem Punkt berühren, an dem sie wirklich empfänglich sind: in ihrem Herzen, wo das Bedürfnis nach connection, Verbundenheit, am stärksten brennt. Und wo sie sich nach Berührung sehnen. In keiner anderen Rolle können Sie diesen unmittelbaren Zugang zu Ihren Mitmenschen schaffen.

Wir können eine noch so toughe Kultur haben, wir können heute alles hyperdigitalisierten, hyperautomatisierten und hyperpersonalisieren. Wir können sogar Emotionen messen. Aber was wir nicht digitalisieren können, ist Beziehung, das Gefühl, dass die anderen einem nicht egal sind. Auch wenn wir so tun, als ob wir ganz alleine klarkommen, weil wir dann unsere Individualität ausleben können, sind wir ohne Beziehung total aufgeschmissen. Und in einer digitalisierten Welt verstärkt sich diese Sehnsucht nach einer Beziehung oder Gemeinschaft massiv.

Wofür stehen Sie?

Ich habe gelernt, wie wichtig es ist, den Beziehungen und Emotionen enorm viel Wert beizumessen. Emotionen erst bringen uns in Kontakt mit dem Leben und Beziehungen sind die Schauplätze unseres Lebens. Mit ihrem liebevollen Umgang, ihrer wertschätzende Wahrnehmung und ihrer Anerkennung verändert die Liebende die Welt eines Menschen. Sie gibt den Menschen ihren Platz, sie stillt ihre wichtigsten Bedürfnisse nach Nähe, wahrgenommen zu werden, in Beziehung zu treten.

In meinen verschiedenen Funktionen hatte ich sehr unterschiedliche Verantwortungen. Aber meine wichtigste Aufgabe, die ich mir gab, war die der Liebenden. Es ist wirklich erstaunlich, wie sehr Sie Menschen auf diese Weise sofort ein Stück glücklicher machen. Nur einen Menschen hatte ich dabei total übersehen …

Ich habe mich selbstständig gemacht. Nach so vielen Jahren der Arbeit mit den Kapitänen großer Unternehmen habe ich eine besondere Expertise aufgebaut, ein wichtiges Werkzeug im Coaching ist nämlich, den Menschen immer mit seinen Hoffnungen, Befürchtungen und Bedürfnissen hinter seiner Funktion, seiner Rolle und seiner Aufgabe wahrzunehmen.

Eine Freundin, die Riesenmessen organisiert, ruft mich an: »Nicole, kannst du dort einen Vortrag halten?«

Ich habe das noch nie gemacht, ich habe keine Ahnung, was das bedeutet. Doch ich denke bei mir: ›Was ist schon dabei?‹ und antworte ihr im Brustton der Überzeugung: »Ja, klar!«

Der Vortrag ist eine Katastrophe. Meine Hände sind feucht. Meine Knie zittern. Mein Kopf ist leer. Meine Stimme piepst. Mein Herz rast. Ich schnappe nach Luft. Ich versuche einen Witz. Das Publikum reagiert nicht. Einige stehen sogar auf und gehen! Umso überraschter bin ich, als sich danach gleich zwei der großen Redneragenturen bei mir melden und mir einen Vertrag anbieten. Nein, nein, nicht wegen meiner Leistung – die war wirklich kläglich. Sondern weil es wenig Frauen als Rednerinnen gibt. Jedenfalls unterschreibe ich den Vertrag. Ab da bin ich offiziell Speakerin. Hätte ich damals gewusst, welch harten Weg ich einschlug, ich weiss nicht, ob ich ihn gegangen wäre. OH MEIN GOTT!

Jetzt stehe ich professionell auf der Bühne! Das Drama vom ersten Vortrag wiederholt sich. Nein, es wird schlimmer! Schon viele Nächte vor dem Auftritt schlafe ich nicht. Mein Körper rebelliert. Mir bricht der kalte Schweiß schon beim Gedanken an das Publikum aus. Und ich übergebe mich vor jedem Auftritt fast. Ich habe nicht einfach nur Lampenfieber, ich habe eine grauenhafte Angst – Glossophobia

*nennen die Engländer das. Hoffnungsvoll denke ich, dass
sie mit der Übung verschwindet. Ich absolviere einen Auftritt nach dem anderen, aber es wird und wird nicht besser.
Und ich habe keine Ahnung, warum das so ist. Ich habe
Kommunikation studiert, ich habe Rhetorik studiert, ich
habe gefühlt an jedem Präsentationsworkshop der Welt teil-
genommen. Wieso hilft mir das alles nicht?*

*Aber Aufgeben ist wie immer keine Option. Also klap-
pere ich einen Coach nach dem anderen ab. Ich reise um die
ganze Welt dafür: nach Stockholm, nach Malta, nach Lon-
don, nach New York, nach Los Angeles. Ich will herausfin-
den, was es bedeutet, auf der Bühne zu stehen.*

*Den ersten entscheidenden Hinweis gibt mir Bob
McKee, einer der bedeutendsten Hollywood-Scriptwri-
ter – ein donnernder, alter Griesgram mit einer göttlichen
Sprache. Er bringt es auf den Punkt, indem er sagt:* »Du
kannst nicht als Expertin auf die Bühne gehen, sondern als
Mensch.«

*Das macht meine Lage noch schlimmer! Denn als Ex-
pertin habe ich mir einen Namen gemacht, als Expertin
stelle ich etwas dar. Aber als Mensch? Als Mensch bin ich
doch nichts! Der Stress, den ich vor dem Auftritt spüre, ist
größer als je zuvor. Mir nichts anmerken zu lassen, kostet
mich unendlich viel Kraft.*

*Als ich vom Zukunftsforscher Matthias Horx eingela-
den werde, vor 800 Leuten zu sprechen, fühle ich mich ge-
ehrt. Aber worüber soll ich um Himmels willen sprechen?
Und wie soll ich das überleben? Wieder suche ich mir Hilfe,
diesmal bei einem Coach in Berlin. Was für ein Glück, denn
er stellt mir die Frage, die alles verändert.*

»Wofür stehst du?«, fragt er mich.

*In diesem Moment passiert etwas Krasses: Ich kann
nicht mehr sprechen! Ich habe meine Sprechfähigkeit verloren. Ich mache den Mund tonlos wie ein Fisch auf und zu.
Ich würge. Ich will etwas sagen. Es passiert nichts. Ich bin*

*verzweifelt. Ich weiß mir nicht zu helfen und breche in Trä-
nen aus. Stumm rollen mir die Tränen die Wangen runter.
Ich kann nicht mehr aufhören.*

    *Und der Coach reagiert total cool. Er lässt mich weinen,
so lange ich es brauche. Er geht sich einen Kaffee machen, er
geht eine rauchen auf den Balkon, er gibt mir alle Zeit der
Welt. Er hat völlig erfasst, worum es geht. Ich werde ihm
dafür ewig dankbar sein. Als ich mich einigermaßen gefangen habe, sagt er zu mir:* »*Du brauchst keine Angst zu haben.
Weißt du, ich kenne die Speaker-Szene gut. Es gibt wenige,
die etwas zu sagen haben. Und eine davon bist du.*«

    *Ich breche sofort wieder zusammen, denn ich bin ja zu
ihm gekommen, weil ich vor lauter Angst nicht weiß, was
ich zu sagen habe. Doch er versteht es, mich behutsam an
die Hand zu nehmen und mit mir an meiner Angst zu arbeiten. Dafür werde ich ihm ewig dankbar sein. Ich verstehe
erst jetzt:* Meine Angst ist nichts anderes als die Angst vor
mir selbst.

Heute kann ich ohne Angst und mit Freude auf die Bühne
gehen. Habe ich Lampenfieber? Natürlich! Aber ein gesundes, das mich antreibt, mein Bestes zu geben. Ich bin einen
langen Weg gegangen. Einen sehr, sehr langen. Ich habe
mich Schritt für Schritt vorangetastet, bin manchmal wieder
retour, bin gestolpert, wieder aufgestanden, und weiterge-
gangen. Es war nicht leicht, mich anzunehmen, zu respektieren und bei mir selbst in die Liebe zu gehen und mich als
wertvoll anzuerkennen. Oh my! Aber zu lernen, sich selbst
zu mögen, ist einer der wichtigsten Schritte im Leben. Wir
sehnen uns nach Beziehung. Dabei ist die wichtigste Beziehung die zu sich selbst. Heute gehe nicht mehr als Expertin
auf die Bühne, sondern als Mensch. Und ich weiß: Es geht
niemals um mich. Es geht um das Publikum. Und im Mittelpunkt steht eine der edelsten Aufgaben: Menschen zu berühren und zu bewegen. Und das können Sie nur als Mensch.

Es geht darum, Herzen zu bewegen.

Schon Aristoteles schreibt in seinem ersten Buch zur Rhetorik, dass das Argument (logos) nur ein Drittel der Überzeugungskraft einer guten Rede ausmacht. Zwei Drittel entfallen auf die anderen Anteile: auf die menschlichen Eigenschaften des Redners (ethos) und auf die Emotionen des Publikums (pathos). Ein Speaker, der keine menschliche Seite zeigt, wird seine Zuhörer nicht berühren.

Doch nicht nur für die, die auf der Bühne stehen, ist der Schlüssel, dieser Funke zum Publikum, eine Verbindung mit den Zuhörern herzustellen. Dabei ist die wichtigste Verbindung die liebevolle Verbindung zu sich selbst. Das klingt einfach, ist es aber keineswegs. Ich kenne so viele Menschen, die an ihrem mangelnden Verhältnis zu sich selbst scheitern. Sie ist es, die den Unterschied macht zwischen Erfolg und Misserfolg, guten und schlechten Beziehungen, Liebe und Ablehnung, Glück und Bitterkeit. Alle unsere Gefühle, alle unsere Handlungen und auch, wie wir unsere Talente in die Welt bringen, sind davon abhängig, welches positive oder negative Bild wir von uns selbst haben.

Der Shift des Westens

Der große Charlie Chaplin hat anlässlich seines 70. Geburtstages eine wunderbare Rede geschrieben. Sie beginnt mit den Worten »Als ich mich selbst zu lieben begann ...« Er beschreibt darin, was ihm diese Selbstliebe für Erkenntnisse und Möglichkeiten eröffnet hat. Dazu gehören Vertrauen, Reife, Demut und Bewusstheit. Eines hebt er besonders hervor: Durch die Selbstliebe hat er zur Herzensweisheit gefunden, die Verbindung aus Herz und Geist. Ihm ist der Shift in die Rolle des Liebenden gelungen. Und das wünsche ich Ihnen auch!

Kommen Sie vom Ich zum Selbst.

Das ist der Shift, der nicht nur für uns Frauen den Durchbruch zu einem erfüllten Leben bedeutet. Für Männer ist die Rolle des Liebenden mindestens ebenso wichtig. Denn alles, was ich Ihnen in diesem Buch erzähle, ist nicht nur für uns Frauen wichtig. Es gilt in gleichem Maße für Männer, nur die Schattierungen sind in einigen Rollen anders. Ich arbeite in meinen Coachings sehr viel mit Männern und gerade solchen aus den obersten Führungsetagen zusammen. Selbstbild und Fremdbild sind fast immer die zentralen Themen. Und wenn es meinen Coachees gelingt, diese anzugehen und für sich positiv zu verändern, bedeutet das für sie selbst, aber auch für ihr Umfeld einen sehr, sehr großen Schritt vorwärts in Sachen Qualität des Lebens.

Denn Selbstliebe hat nichts mit Egoismus zu tun. Im Gegenteil: Alle profitieren davon, wenn Sie sich mit sich selbst wohlfühlen und sich von allem verabschieden können, was Ihnen nicht guttut. Erst dann können Sie die Rolle der Liebenden in ihrer ganzen Fülle leben.

Entscheidend dabei ist, dass Sie sich Ihre Liebe zu sich nicht durch Leistung oder Wohlverhalten verdienen müssen, Selbstliebe ist eine Haltung. Sie müssen nicht mit allem zufrieden sein, was Sie heute tun, aber Sie müssen sich selbst wertschätzen für das, was Sie *sind* und vor allem für das, was Sie *sein können.*

Sie können wunderbar sein!

Es ist eine Entscheidung, ob wir aktiv werden, um den Boden für unser Glück zu bereiten, oder ob wir warten und hoffen, dass das Glück von selbst zu uns kommt oder es uns jemand zu Füßen legt. Darauf können wir allerdings warten, bis wir schwarz werden, solange wir mit uns selbst nicht glücklich sind. Treffen Sie Ihre Entscheidung! Wie es dann weitergehen kann, zeige ich Ihnen jetzt.

Schritt für Schritt

Im ersten Schritt brauchen Sie eine klare Vorstellung, wie Sie über sich denken. Gönnen Sie sich die Zeit, setzen Sie sich hin und schreiben Sie auf, was Sie von sich halten. Nehmen Sie ein Blatt Papier, am besten im DIN-A-4-Format, und legen es quer vor sich hin. Listen Sie auf der linken Hälfte alle negativen Eigenschaften auf – je eine in einer Zeile. Seien Sie ehrlich zu sich, auch wenn es im ersten Moment wehtut, das schwarz auf weiß zu sehen, was Sie tagtäglich an Unfreundlichkeiten und Schmähungen von Ihrem inneren Kritiker zu hören bekommen. Zum Beispiel: »Ich bin eine Niete im Verkaufen.«

Für den zweiten Schritt überlegen Sie für jeden negativen Eintrag eine positive Entsprechung. Die gibt es in jedem Fall, denn in unserer Welt herrscht das universelle Gesetz der Polarität. Das besagt, dass alles zwei Pole hat und braucht: Das Weibliche ist ohne das Männliche nicht denkbar, der Tag nicht ohne die Nacht, was ein Oben hat, hat ein Unten, wenn es ein Innen gibt, gibt es ein Außen. Beide Pole sind immer gleichzeitig möglich und vorhanden. Und diesen Umstand machen Sie sich jetzt zunutze. Schreiben Sie den positiven Gegenpol auf: so wie Sie sein möchten. Verbieten Sie Ihrem inneren Kritiker den Mund, der Ihnen gleich wieder einflüstern will: »Aber das bist du doch gar nicht. Das kannst du nicht.« Sie können alles sein, was Sie wollen. Und genau das schreiben Sie jetzt auf, zum Beispiel wie oben: »Ich bin so richtig gut im Verkaufen. Meine Verkäufe steigern sich.« Das hat nichts mit Zweckoptimismus zu tun, sondern ist ganz einfach: Was immer unserem Unterbewusstsein durch Wiederholung aufgedrückt wird, wird in unserem Verhalten ausgedrückt.

Wenn Sie also Ihre Liste vervollständigt haben, holen Sie sich eine Schere und schneiden den negativen Teil ab. Und jetzt kommt der dritte Schritt: Sie zünden das abgeschnittene Papier an und verbrennen damit all die schlechten Anteile Ihres Selbstbildes. Klingt seltsam? Tun Sie es trotzdem! Rituale sind mächtig.

Machen Sie es feierlich, denn dies ist Ihr Abschied von der Selbsttorpedierung!

Das liebevolle Bild, das Sie von sich entwerfen, hat nichts mit Zweckoptimismus zu tun. Sie nutzen einzig und allein Ihre *power of mind*. Sie programmieren sich darauf, glücklich zu sein. Und diese Art der Programmierung funktioniert!

Training für die Liebe

Die Liebe ist wie ein Muskel: Wenn Sie sie sehr lange nicht eingesetzt haben, müssen Sie sie erst trainieren, bis sie wieder dauerhaft leistungsfähig ist. Und auch dann sollten Sie mit dem Training nicht nachlassen.

Selbstliebe ist der Powermuskel, der Sie zu Ihrer Größe katapultiert.

Jahrelang habe ich selbst daran gearbeitet. Ich habe unzählige Bücher dazu studiert, Übungen absolviert und meine positive Programmierung verankert. Meine neuen Glaubenssätze habe ich mir auf große Bögen geschrieben und über mein Bett gehängt. Zusätzlich habe ich sie auf kleine Zettel notiert und mir in die Jackentasche gesteckt, damit ich sie immer bei mir habe. Ich habe sehr viel für meinen liebevollen Blick auf mich getan. Schließlich kam ich ja von einem grauenhaften Selbstbild, aber es ist auch normal, dass der Prozess lange dauert.

Die Glaubenssätze, die uns prägen, sind weit innen tiefgefroren. Es ist eine teils lebenslange Leistung, sie aufzutauen und gehen lassen zu können. Ich kämpfe heute noch zum Beispiel mit einem Glaubenssatz, den ich meinem Mathematiklehrer im Gymnasium »verdanke«: Er hatte mich als eine seiner Zielscheiben auserkoren und erklärte mir unerbittlich wieder und wieder, dass ich eine mathematische Null bin. Und bis heute kann ich nicht rechnen. Alle möglichen Tests bestätigen mir eine hohe analytische Fähigkeit, ich kann Strategien entwickeln, ich gehörte zu den besten Verkäuferinnen der Swissair – nur einen normalen Dreisatz kann ich bis heute nicht lösen. Verrückt, nicht wahr?

Und noch ein Tipp: Entwickeln Sie liebevolle Kraftbilder von sich. Lassen Sie das Szenario in sich entstehen, als würden Sie sie gleichzeitig von außen und von innen miterleben. Visualisieren Sie sich selbst, wie Sie eine bevorstehende Situation großartig meistern, spüren Sie die Energie, hören Sie den Applaus oder die Zustimmung, die Sie ernten. Sie haben Sie verdient! Und Sie werden in diese liebende Kraft kommen und zu ungeahnter neuer Größe wachsen.

In New York habe ich ein Zitat von Einstein an einer Hauswand gefunden, das meines Erachtens die wichtigste Grundhaltung ist: »Love is the answer.« Und ich füge hinzu: »Love is a verb, stay in action.« Vor allem gegenüber sich selbst.

Deshalb auf nach Westen, chica: Die Liebe öffnet Ihnen das Leben!

164

10. An der Wall Street – Reise ins Reich der Gedanken

Die *Rolle der Denkerin* ist im Osten angesiedelt wie die Stadt New York im Osten der USA. Ich verbinde meine Erfahrung mit der Rolle auch eng mit der Zeit, in der ich häufig in dieser Stadt gearbeitet habe. Das war im Rahmen meines Engagements im Investment-Bereich. Immer wenn ich hinflog, sagten meine Kollegen im Scherz: »*Are you going to the morgue?*« – »Gehst du in die Leichenhalle?« Denn so fühlte es sich an: Ratio über alles. Wenn wir nur in der Ratio und der politischen Korrektheit leben, sind wir tot.

Inside the morgue – im Raum der Leblosigkeit

Wir saßen im Großraumbüro an Vierertisch-Blöcken direkt nebeneinander, doch kommuniziert haben wir nur über den Computer. Das hatte nicht nur etwas damit zu tun, dass wir SEC-reguliert waren – also von einer US-Regierungsbehörde zum Schutze der Anleger – und vorsichtig sein mussten, was wir geschäftsbezogen kommunizieren. In dieser Kultur darf auch sonst keiner etwas Falsches sagen oder tun. Mit einer Frau alleine Lift fahren? Oh nein, denn die Kollegen hatten Angst, dass sie der sexuellen Belästigung beschuldigt werden könnten. Und wenn ein Amerikaner mir dort ein Kompliment machte: »Oh, du siehst heute aber nett aus«, fügte er fast entschuldigend hinzu: »Dir kann ich das ja sagen.« Alles Emotionale musste offiziell draußen bleiben.

Dabei waren das alles hochgescheite Menschen, mit denen ich dort arbeiten durfte. Rechts von mir zum Beispiel saß der Risk Manager Miika, theoretischer Physiker aus Finnland.

Als er einmal von einem Urlaub in seinem finnischen Sommerhaus zurückgekehrt war, fragte ich ihn: »Hi Miika. wie war's?«

Mit unbewegter Miene und gedämpfter Stimme antwortete er: »Gut.«

Ich wusste schon, dass das übersetzt ungefähr hieß: Es war einfach super!

Munter fragte ich weiter: »Und, was habt ihr gemacht?«

Mit demselben drögen Gleichmut antwortete er: »Wir haben im Schnee getanzt. Es wurde warm.«

»Warm? Was meinst Du damit?«, wollte ich wissen.

»Anstatt minus 40 Grad hatten wir nur noch minus 20 Grad.«

Ich hätte mich kaputtlachen können, doch er zuckte nicht mit der Wimper. Er hatte einen umwerfenden Witz, aber keinerlei Ausdruck für Emotionen. In meiner Funktion in diesem Unternehmen wollte ich den Zusammenhalt der Menschen stärken. Miika war nicht nur mein Kollege, er war auch ein Freund. Also fragte ich ihn in der Funktion des Risk Managers als auch als Freund, was er denn von meinen Ideen halten würde. Ich scheiterte bei ihm mit jedem Vorschlag. Ein Fest feiern? »Auf keinen Fall!« Einen Ausflug machen? »Nein, geht nicht.« Abenteuer erleben? »Zu riskant.« Kennen Sie noch die Schlümpfe, diese reizenden blauen Wichte? Miika antwortete in diesen Situationen wie der Miesepeter-Schlumpf auf alles: »Nein, nein, nein« oder »Das geht nicht« oder »Das passt nicht«. Das Einzige, was ihn in Begeisterung brachte, waren komplizierte physikalische Formeln, die kein Mensch sonst verstand. Während ich meine Augen rollte, begannen seine zu glänzen. Doch das allein machte sein Leben nicht vollkommen. Miika hatte die gleichen Sehnsüchte wie die meisten von uns: Wir wollen mehr vom Leben. Damals kannte ich die Zusammenhänge nicht, aber ich wusste definitiv, dass er unglücklich war. Heute weiß ich: Er verschloss sich seinem wahren Potenzial. Wie die meisten von uns. Auch und gerade die Superhirne bleiben oft dramatisch unter ihren Möglichkeiten. Ein Mensch besteht nun mal nicht nur aus Ratio. Das ist auch der Grund, warum sehr gute Schulnoten keine Aussage über den Erfolg im weiteren Leben geben.

Nur weil wir viel wissen, wissen wir noch lange nicht, wie wir unser Potenzial erreichen.

Wissen ist wichtig, aber damit Sie Ihr Potenzial ausschöpfen können und endlich *mehr vom Leben* bekommen, brauchen Sie mehr: Stellen Sie sich Ihren Geist bestehend aus zwei Hälften vor – dem Bewusstsein und dem Unterbewusstsein. Selbstverständlich sind die wissenschaftlichen Erläuterungen komplexer. Aber der Einfachheit halber drücke ich es so aus. Das Bewusstsein ist der Bereich, in welchem wir Wissen anhäufen. Im Unterbewusstsein liegt unser Potenzial.

Boykotteure oder: Wir sind, was wir denken

Die Wissenschaftler sind sich über die Zahlen nicht einig. Es gibt Annahmen, dass der Großteil der Menschheit ihr Potenzial nur minimalst ausschöpft. Ungeachtet der unterschiedlichen Zahlen: Wir kratzen nur an der Oberfläche. Dabei ist es genau das, was uns nachhaltig glücklich macht: Wenn wir unser Potenzial ausschöpfen. Wenn wir mehr von uns selbst zum Ausdruck bringen können. Dann werden wir mehr zu dem, was wir sein können.

> *An unser Potenzial heranzukommen, ist die Voraussetzung für ein erfülltes Leben.*

Doch offensichtlich hindert uns etwas daran, es zu nutzen. Das sind nicht irgendwelche finsteren Mächte oder die ungünstigen Umstände oder böse Menschen. Sondern wir selbst sind es. Wir boykottieren unser Potenzial und damit unsere eigene Größe.

Alles, was Sie geschaffen haben, war einst ein Gedanke. Wenn Sie nicht zufrieden sind mit Ihren Ergebnissen in Ihrem Leben, dann hat das nichts mit den Umständen, mit Glück oder Unglück, sondern mit Ihrem Denken – mit Ihrem Mindset zu tun. Wenn wir unsere Ergebnisse ändern wollen, müssen wir unsere Denkweise ändern. Wir denken in Bildern. Und die können wir ändern. Aber niemand hat bis jetzt das Mindset, die Art und Weise gesehen. Wie sollen wir es also ändern? Dazu hat uns Thurman Fleet ein geniales Konzept verschafft:

Damit Sie verstehen, wie dieser Selbstboykott zustande kommt, malen Sie bitte einmal ein Strichmännchen auf. Malen Sie den Rumpf als kleinen Kreis, den Kopf dagegen als sehr großen. Das spiegelt auch die Machtverhältnisse wider: Ihr Geist bestimmt Ihren Körper, nicht umgekehrt.

Ziehen Sie nun einen waagrechten Strich mitten durch den großen Kreis, so dass sich zwei Hälften, eine obere und eine untere, ergeben. Der obere Teil ist Ihr *conscious mind,* der bewusste, rationale Teil Ihres Geistes. Ihn füllen Sie, wenn Sie Wissen aufnehmen. Was Sie mit diesem Wissen tun, wird jedoch vom unteren Teil des Kreises gesteuert: von Ihrem *subconscious mind.* Dort sitzt unser Potenzial – und unsere Paradigmen, negative Programmierungen, die uns beschränken.

Ihre Programmierung legt fest, wie
Sie Ihr Potenzial nutzen.

Stellen Sie sich das so vor: Diese Programmierung steuert den Butler, der Ihnen Ihre Haltung und damit Ihre Gedanken und Ihre Handlungen »serviert«. Der Butler kann nicht unterscheiden, ob etwas gut für Sie ist oder nicht. Er bringt, was ihm die Programmierung vorgibt. Ist Ihr Butler auf Limitierung programmiert, wird er Ihnen nur diese bringen.

Die Programmierung besteht aus unseren Glaubenssätzen, unserem Bild von uns selbst und aus Gewohnheiten. Wenn Sie zum Beispiel denken, dass Sie etwas niemals erreichen können, werden Sie das auch nie schaffen.

Eröffnen Sie sich neue Denkräume.

Um sich neue Realitäten ins Leben zu holen, gilt es also, sich der eigenen Limitierungen bewusst zu werden und sich neue Denkräume zu eröffnen. Wenn Sie Ihre limitierenden Glaubenssätze erkannt haben, überschreiben Sie sie!

Nie mehr gegen die Scheibe

Vielleicht haben Sie schon einmal einer Fliege zugesehen, die wiederholt an die Fensterscheibe stößt. Sie versucht es immer wieder. Sie strengt sich wie verrückt an, durch die Glasscheibe zu kommen. Sie sieht keinen anderen außer dem pfeilgeraden Weg, um in die Freiheit zu gelangen. Das geöffnete Fenster gleich daneben sieht sie nicht.

So agieren wir auch, solange wir unsere Limitierungen nicht erkennen: Wir tun immer und immer wieder das Gleiche, obwohl wir uns nur unglücklich machen und kein Stück weiterkommen. Sehen wir jedoch unsere Limitierung, können wir sie ändern und die wahren Möglichkeiten erkennen und nutzen. Das meine ich, wenn ich von neuen Denkräumen spreche: Sie ermöglichen Ihnen, nicht mehr zwanghaft dem alten Muster zu folgen, sondern sie lassen so viel mehr zu.

Sie sehen sich in Ihrer Größe.

Die Kraft des *subconscious mind* nutzen viele Spitzensportler. Champions wie Roger Federer trainieren hart, um topfit zu sein. Sie trainieren ihren Körper. Sie trainieren ihre Technik. Aber wenn sie nicht an sich glauben und sich vor dem Turnier nicht als Sieger vom Platz gehen sehen, müssen sie gar nicht erst zum Spiel antreten.

Das hat auch etwas mit dem Gesetz der Resonanz zu tun: Wenn Sie ein klares Bild davon haben, was Sie unbedingt wollen, schwingen Sie anders, als wenn Sie nur an das denken, was Sie auf gar keinen Fall wollen. Wenn Sie positiv denken, ziehen Sie auch etwas anderes an: Auf einmal eröffnen sich Chancen ungeahnten Ausmaßes. Sie warten nicht mehr auf Ihre Chance, Sie *sind* die Chance.

So werden Quantensprünge möglich.

Wie ich zum ersten Sprung ansetzte

Als Kind lag ich oft auf meinem Bett und habe mir ausgemalt, wie großartig mein Leben sein würde. Ich habe felsenfest daran geglaubt, dass mein Leben etwas Besonderes sein kann und sein wird. Ich habe alles für möglich gehalten, es gab keine Grenzen. Mit dieser unerschütterlichen tiefen Überzeugung ist so vieles für mich tatsächlich möglich geworden, was andere für unmöglich halten.

An dem Tag, als ich bei der Tasse Hagebuttentee beschlossen habe, dass ich fertig bin mit dem Gejammer und dem Elend, habe ich die Zeitung aufgeschlagen, um zu sehen, welche Chance sich mir bietet. Ich blieb hängen an einer Anzeige für einen Kurs mit dem Titel »Wie Sie die Kontrolle über Ihr Leben übernehmen«. Ich kratzte mein allerletztes Geld zusammen und buchte. Was mich dort erwartete, war so ganz anders als alles, was ich bis dahin an Seminaren und Lehrveranstaltungen gekannt hatte: Es ging nicht um Wissen, sondern es ging um die Unendlichkeit des Geistes. Und darum, dass der Geist die größte Kraft ist, um sein Leben, seine Resultate, seine Gesundheit, seine Möglichkeiten zu ändern.

Ich habe begonnen, meine alten Glaubenssätze durch neue zu ersetzen. Ich habe mental trainiert, dass die Welt mir offensteht und dass ich erfolgreich bin. Von da an hat sich mein Leben in immer neuen Quantensprüngen entwickelt.

Doch noch war ich ja ein Nichts. Weder an der Uni noch an der Dolmetscherschule sah ich meinen Platz. Also, wo sollte ich anfangen? Am besten doch bei dem, was ich am besten kann: beim Reisen. Und wo werde ich dafür auch noch bezahlt? Bei einer Airline.

Ich bewerbe mich voll Zuversicht bei der Swissair. Ich werde abgelehnt.

Ganz die Kämpferin, akzeptiere ich natürlich kein Nein.

Also frage ich den Psychologen des Assessment-Verfahrens:
»Herr Brenner, kann ich mich denn nochmal bewerben?«

Er erinnert mich an den Mönch im Film »Der Name der
Rose«, ein kleiner Mann mit Hühnerbrust und säuerlichem
Gesichtsausdruck unter seiner Glatze. Er schaut mich ab-
schätzig an und antwortet: *»Sie können es schon noch ein-*
mal versuchen, aber ich würde es Ihnen nicht empfehlen.«
Er lässt durchklingen, dass ich wohl keine Chance habe.

Aber ich hake nach: *»Wann kann ich mich wieder*
melden?«

»Frühestens in einem halben Jahr«, ist seine Antwort.

Nach gut vier Monaten rufe ich bei der Swissair an und
lasse mich mit ihm verbinden. Er meldet sich, ich nenne
meinen Namen und schiebe fröhlich hinterher: *»Herr Bren-*
ner, Sie erinnern sich doch an mich!« *Ich sehe ihn richtig*
vor mir, wie er die Stirn kraust und denkt: ›Nein, keine
Ahnung! Wer ist das? Ich habe mit tausenden von Leuten
zu tun.‹ *Ich lasse ihn aber gar nicht zu Wort kommen und*
fahre fort: *»Sie haben mich doch enorm ermutigt, dass ich*
es nochmals versuche.«

Er antwortet gedehnt, aber nicht unfreundlich: *»Ja?!«*

Ich plaudere munter weiter: *»Hier bin ich wieder. Es*
sind zwar noch nicht ganz sechs Monate herum, aber ich
möchte unbedingt vorbeikommen.«

»Ja«, sagt er wieder, *»nächste Woche geht es.«*

Ich muss pro forma eine Nachprüfung machen. Die besteht ausgerechnet in einem Sprachtest – und wenn ich eines
beherrsche, dann sind es Sprachen. Ich rede die Prüfer in
Grund und Boden – und bin drin.

In der Ausbildung gelte ich noch als Enfant terrible, aber
sobald ich auf der Strecke bin, werde ich in kürzester Zeit
zu den besten Flight Attendants qualifiziert, werde Instruk-
torin, gehe ins Emergency-Team und später ins Care-Team.

100, 200, 500

Erfolg entwickelt sich nicht linear. Es ist ein weit verbreiteter Irrglaube, dass kontinuierliche harte Arbeit Stück für Stück zum Erfolg und zur Erfüllung führt. Harte Arbeit bringt Sie schon voran, muss aber nicht. Wenn Sie hart arbeiten, kommen Sie im Jahr vielleicht 10 oder 15 Prozent weiter. Mehr von der gleichen Herangehensweise bringt mehr vom gleichen Resultat.

Wenn Sie spektakuläre Resultate wollen, müssen Sie spektakuläre andere Vorgehensweisen anwenden. Bar jeder Logik.

Quantensprünge sind explosive Sprünge. Sie kommen als das Unerwartete: Es sind die Steigerungen um 100, 200 oder gar 500 Prozent. Und die erreichen Sie nur, wenn zu Ihrer harten Arbeit das richtige Mindset dazukommt. Dann wird das scheinbar Unmögliche möglich.

Nach sieben begeisterten Jahren mit Reisen um die Welt habe ich genug. Ich fühle mich intellektuell unterernährt, ich will etwas Neues machen.

Ich lasse mir einen Termin bei unserem HR-Chef geben und sage zu ihm: »Ich möchte nicht mehr fliegen. Haben Sie irgendetwas anderes für mich? Ich kann ALLES lernen.«

Er hebt bedauernd die Hände und sagt: »Ich habe nichts.« Dann überlegt er einen Moment und fügt hinzu: »Außer«, er zieht eine Schublade seines Schreibtischs auf und holt ein gelbes Blatt heraus, »außer das hier.« Er reicht mir den Zettel und sagt: »Lesen Sie sich das mal durch. Ich komme in fünf Minuten wieder.«

Als er das Büro verlässt, fange ich an zu lesen. Ich verstehe kein Wort von dem, was da draufsteht. Kein einziges.

Er kommt zurück, setzt sich wieder auf seinen Stuhl und fragt mich: »Und? Wollen Sie das?«

»Ja, selbstverständlich«, antworte ich wie aus der Pistole geschossen mit Hundeblick.

Er brummt und bittet mich zu warten.

Anderthalb Stunden später geht es los. Ich habe ein Interview nach dem anderen. Mit wem ich da spreche – keine Ahnung. Erst hinterher erfahre ich, dass es die Konzernleitung war.

Nach fünf Tagen ruft mich der HR-Chef an: »Frau Brandes, die Konzernleitung würde gerne mit Ihnen arbeiten. Wir haben zwar schon 26 Assessment-Runden hinter uns gebracht und jemand unter Vertrag genommen, aber die Herren haben sich dennoch für Sie entschieden.«

Über Nacht bin ich zur Delegierten der Leitung eines Konzerns mit 77.000 Mitarbeitern geworden. Ich habe den Auftrag, einen VIP-Club aufzubauen. Das heißt, dass ich bei allen bedeutenden Panels dabei bin, weil ich für die wichtigen Kunden spreche. Und zum Weltwirtschaftsforum gehen von der Swissair genau drei Leute: der Präsident des Verwaltungsrats, der CEO und – ich.

Ich habe mit vielen der großen Namen aus Wirtschaft und Gesellschaft persönlichen Kontakt. Meistens habe ich keine Ahnung, wer das ist ... Aber mein Büro sieht aus wie eine Geschenkboutique, denn ich darf diesen Kunden immer etwas Gutes tun. Was für ein herrlicher Job. Und was für ein verrückter Aufstieg!

Perfekt unvorbereitet

Auf Quantensprünge können Sie sich nicht vorbereiten. Diese sind so stark, so verrückt, so überraschend, dass Sie nichts anderes tun können und sollten, als sich darauf einzulassen. Ich weiß noch, wie ich mich damals in Halifax einmal an einen Türrahmen gelehnt und gedacht hatte: »Warum fragen eigentlich alle mich? Ich habe das doch auch noch nie gemacht.« Aber ich hörte einfach zwischen den Zeilen und hinter den Wörtern zu und antizipierte Bedürfnisse oder nahm meinen gesunden Menschenverstand zur Hand.

Das ist das Besondere an Quantensprüngen: Es geht nicht um das Wie, es geht um das Was. Das Wie kommt später: Alles, was Sie können müssen, werden Sie lernen. Wichtig ist nur, dass Sie sich vollen Herzens auf das Was einlassen und das Mindset trainieren.

You grow into it, while you jump.

Und so ging es mir auch bei meinem nächsten Sprung.

»Sag mal, bist du vollständig von Sinnen?«, fragt mich meine Freundin, als ich ihr erzähle, dass ich bei der Swissair gekündigt habe. »So eine Top Position bekommst du doch nie wieder?!«

Objektiv gesehen hat sie sogar recht: Ich weiß selbst, dass ich mit meinem exotischen Lebenslauf jeden Headhunter in den Wahnsinn treibe. Außerdem habe ich ja noch nicht einmal einen Studienabschluss. Trotzdem will ich ein Nachdiplom-Studium machen. Das ging damals nicht: Wer kein abgeschlossenes Studium hat, wird nicht zugelassen. Regeln sind schließlich Regeln. Aber das MUSS doch irgendwie gehen! Ich renne von Pontius zu Pilatus und schlussendlich bis nach Bern – und habe Erfolg: Ich werde zugelassen und absolviere diesen Studiengang in Kommunikation. Was ich danach machen werde? Keinen Schimmer.

Aus heiterem Himmel kommt ein Anruf vom Generaldirektor der größten Privatbank der Welt: Er lädt mich zu einem Gespräch. Er ist Kunde bei meinem Swiss-Air-VIP-Club, aber wir kennen uns bis dahin nicht persönlich. Aller-

dings hat er über verschlungene Pfade mein Dossier bekommen. Hinterher habe ich erfahren, dass er und der CEO sich sogar gestritten haben, bei wem von den beiden ich arbeiten darf! Der Generaldirektor hat gewonnen.

Er eröffnet das Gespräch: »Frau Brandes, ich habe eine neue Stelle für Sie kreiert. Sie bauen für mich einen VIP-Club für die besten Kunden aus aller Welt auf. Sie rapportieren direkt an mich. Sind Sie einverstanden?«

Innerlich bin ich baff. Äußerlich bin ich souverän. Natürlich bin ich einverstanden.

In Gedanken versunken gehe ich nach dem Gespräch zu einem Freund und sage ihm: »Wenn die wüssten, dass ich keine Ahnung habe, wie ich das machen soll ...«

Er klopft sich auf die Schenkel vor Lachen, als er antwortet: »Die haben noch viel weniger Ahnung.« Stimmt. Und mit diesem Satz bewaffnet beginne ich meine Arbeit.

Eigentlich dürfte ich gar nicht hier sein, denn die Bank hat vor Kurzem einen rigorosen Einstellungsstopp verkündet. Mein Anfang verläuft also ein bisschen unkonventionell: Ich habe keinen Computer, ich habe kein Telefon, ich habe nicht einmal einen Platz. Die meisten Mitarbeiter hier arbeiten im Großraumbüro. Selbst die hochrangigen Managing Directors haben darin nur ein paar Quadratmeter. Mit Designer-Büromöbeln stecken sie ihr Revier ab.

Ich schaue mir das ein paar Tage an, dann reicht es mir und ich gehe zu meinem Chef. Der war innerhalb kurzer Zeit nach unserem Gespräch zum CEO ernannt worden. Amüsiert lauscht er, als ich ihm entrüstet verkünde: »So geht das nicht. Ich brauche ein Büro – und zwar sofort!«

Er antwortet grinsend: »Dann nehmen Sie doch meines.«

Und das mache ich auch. Er ist ja meist in seinem Büro in Genf oder in Basel.

Als sich die Nachricht verbreitet, dass diese junge Frau, die an allen Hierarchien vorbei hier reinschneit und direkt *an den CEO berichtet, keine Bankerin ist und (noch) keinen MBA hat, ist der Aufruhr groß. Und dann soll die auch noch die Betreuung der besten Kunden übernehmen! Wo doch der Kunde im Private Banking das Wichtigste eines Private Bankers ist. Kein Wunder, dass ich vom ersten Tag an mit Argwohn beobachtet werde. Und natürlich muss ich ausgecheckt werden.*

Das Auschecken ist aber gar nicht so leicht, denn ich stehe ja nicht einmal im Telefonverzeichnis. Die ersten Neugierigen finden meine Nummer trotzdem heraus und fragen, wo ich sitze.

Ich sage: »Im obersten Stock, Zimmer 745.«

Sie klopfen. Ich öffne. Sie kommen aus ihren dunklen Kabäuschen im Großraumbüro in ein lichtdurchflutetes, großräumiges Büro mit Blick auf den Zürichsee, schönem Teppich, edlem Holztisch und schöner Kunst an den Wänden.

In den nächsten Jahren werde ich boykottiert, wo es nur geht. Ich gehe oft am Abend geknickt aus der Bank, aber am nächsten Morgen komme ich mit voller Energie wieder – ich habe mir fest vorgenommen, nicht zu scheitern, sondern erfolgreich zu sein. Jeden Tag trainiere ich mein Mindset. Und wieder eröffnen sich zahlreiche neue Chancen. Als es mich weitertreibt, nehme ich die nächste spannende Aufgabe an.

Der Shift des Ostens

Ich würde mir wünschen, dass alle Menschen bewusst mit ihrem Potenzial und der Kraft des Unterbewusstseins arbeiten. So viel wird möglich, wenn Sie nicht nur mit dem *Bewusstsein* arbeiten, sondern lernen, die Kraft des *Unterbewusstseins zu nutzen* und grenzenlos denken lernen. Diese Offenheit für Quantensprünge bringt uns niemand bei, wir müssen unsere Limitierungen selbst erkennen und ablegen. Wenn Sie unsicher sind, wo Sie bei sich anfangen sollen, habe ich eine Empfehlung für Sie: Schreiben Sie auf, mit welchen Ergebnissen Sie in Ihrem Leben unzufrieden sind. Und programmieren Sie sich gezielt auf Ihre Wunschergebnisse um. Füttern Sie Ihren Geist mit diesem Bild.

Das bedeutet einen gewissen Aufwand, das ist richtig. Doch der Aufwand ist definitiv nicht größer, als treu und brav einfach immer härter zu arbeiten. Sie investieren Ihre Energie nur wesentlich sinnvoller.

Stellen Sie am besten Ihr Denken auf Positivität um. Sie können sich selbst dabei helfen, wenn Sie konsequent Ihre Sprache korrigieren. Achten Sie mal darauf, wenn Sie sich und andere sprechen hören: Wir reden viel häufiger über das Schlechte als über das Gute. Kein Wunder, denn wir fokussieren uns auf die Probleme anstatt auf die Möglichkeiten. Wir bremsen uns selbst schon sprachlich aus. *«Das kann ich nicht.» «Geht nicht.» Würde ich mich nie getrauen.» «Das ist viel zu hoch für mich.»*

Immer wenn Sie bemerken, dass Sie negativ formulieren, stoppen Sie sich und ersetzen Ihre Worte durch positive Wendungen. Das hat große Rückwirkung auf Ihr Denken.

Auch für die Überwindung alter Glaubenssätze brauchen Sie keinen Therapeuten. Es geht nicht um die Bearbeitung der Schmerzen der Vergangenheit. Es geht darum, begrenzende Glaubenssätze zu entlassen und Ihrem unendlichen Potenzial den Raum zu geben. Sie öffnen somit die Tür zu den Möglichkeiten, die Ihnen zur Verfügung stehen. Und Sie werden damit Erfolg haben!

Ich bin Marketingchefin der ältesten Privatbank der Schweiz geworden. Einige Zeit später kommt ein neuer CEO. Wir verstehen uns überhaupt nicht und ich kündige.

Was ich jetzt tun werde, weiß ich nicht, aber das beunruhigt mich nicht. Im Gegenteil, ich bin gespannt! Ich bin

*überzeugt, dass sich wieder wunderbare Möglichkeiten er-
öffnen. Was wird es diesmal sein? Bislang ist es so fantas-
tisch gelaufen, wie ich es mir nicht in den wildesten Träumen ausgemalt habe. Wie könnte es also noch fantastischer
werden?*

Wenn Sie an etwas zweifeln müssen …

Den Mindset in neue Bahnen zu lenken, geht nicht von heute
auf morgen. Dazu braucht es Geduld und Ausdauer. Die be-
harrliche Wiederholung ist notwendig und gehört dazu. Ein-
gebrannte Muster ändern wir entweder durch erschütternde
Erlebnisse oder durch Repetition. Auch kleine Kinder lernen, dass sie besser nicht auf eine heiße Herdplatte fassen,
indem sie sich entweder einmal verbrennen oder von ihren
Eltern immer und immer wieder gewarnt werden. Lernen
durch Schock ist aber nicht das, was wir wollen. Deswegen gilt es, neue Glaubenssätze beharrlich zu lernen durch
Repetition.

Lassen Sie sich nicht irritieren, wenn diese neuen Glaubenssätze nicht sofort greifen. Und setzen Sie sich wirklich
hohe Ziele! Wie sagt Price Pritchett, Unternehmensberater
und Autor, so schön: »Wenn Sie unbedingt an etwas zweifeln müssen, dann zweifeln Sie an Ihren Grenzen.« Wenn Sie
Ihre großen Ziele beharrlich in Ihrem Unterbewusstsein ver-
ankern, dann werden Sie die Wirkung über kurz oder lang
erleben. Ich habe Ihnen in Kapitel 2 von einem meiner Coachees erzählt: Er kam zu mir mit dem Ziel, CEO des Jahres
zu werden. Im Laufe unserer Arbeit entdeckte er dann, dass
er tief in sich ein anderes Ziel hatte. Er wollte Mentalcoach
für Spitzensportler werden. Immer wieder kamen ihm Zwei-
fel, doch dann fokussierte er sich erneut auf dieses positive
Bild und verinnerlichte es dadurch. Und irgendwann meldete

sich aus scheinbar heiterem Himmel ein Profieishockeyspieler bei ihm, der sagte: »Ich will in die NHL. Kannst du mich coachen?« Er ist dabei, den Quantensprung hin zu seinem Ziel zu machen.

Ich war nach dem Job als Marketingchefin noch nicht so weit, auch wenn der nächste Quantensprung kam.

Ehe ich mich versehe, ist dieses fantastische Angebot da: Ich soll für eine internationale Stiftung, die sich um Drogenprävention bei Kindern und Jugendlichen kümmert, mit der WHO und den europäischen Regierungen zusammenarbeiten und auch Sponsoren suchen. Mein Boss? Königin Silvia von Schweden! Also verbringe ich die nächste Zeit mit Besuchen in den Adelshäusern Europas.

Es war eine noble Aufgabe und es war bemerkenswert, in eine Welt der Adeligen und noch Reicheren eintauchen zu dürfen. Ich habe viel gelernt. Auch Knicksen! Ich habe ungeheuren Respekt davor, mit welcher Disziplin und Würde Königin Silvia ihr Pensum meistert. Und das nach allen Regeln des straffen Protokolls und der Etikette. Ich selbst konnte damit nicht umgehen. Zu eng waren für mich die Strukturen. Und zu ungeübt war ich mit Geduld und Diplomatie. Wenn ich Verbesserungsmöglichkeiten sah, war das doch für alle erstrebenswert, nicht wahr? Also stürmte ich drauflos. Ob das politisch korrekt war oder nicht, davon hatte ich keine Ahnung. Ich spürte nur, was ich später in jedem Konzern spürte: das Bedürfnis auszubrechen. Ich brauchte Luft.

Wieder verlasse ich mich darauf, dass die nächste Chance kommen wird. Und sie lässt nicht auf sich warten!

Nichts ist undenkbar

Wenn Ihnen der Shift gelingt, können Sie Ihr Unterbewusstsein also aktiv nutzen, denn dort ist alles möglich. Sie können zum Beispiel darin ein inneres Besprechungszimmer einrichten und sich die unterschiedlichsten Berater einladen. Wenn Sie Fragen haben, holen Sie sich diese Berater an einen Tisch und lassen sich von jedem Einzelnen eine Antwort geben. Jeder von ihnen bringt seine eigene Sichtweise ein und bereichert Ihre. Sie können in diesen Raum auch eine riesige Leinwand einbauen und Entwürfe Ihrer Zukunft malen. Sie können die Berater darüber diskutieren lassen. So kommen Sie auf neue Ideen und Lösungen. Das ist, was Genies tun: Sie wenden mehr von ihren geistigen Fähigkeiten an und tun dies auf besondere Weise. Sie zapfen ihr gesammeltes Potenzial an und kommen auf Ansätze, die keiner zuvor gedacht hat – weil die Denkräume dafür nicht genutzt werden.

Es gibt nichts Undenkbares, wenn Sie grenzenlos denken.

Und auch meine Vorstellung von der Zukunft hatte keine Grenzen.

Der Wirtschaftskapitän, für den ich neu arbeite, hat gerade seine Firma für eine gigantische Summe verkauft. Ich bin Teil seines kleinen vierköpfigen Teams und wir beginnen, die Strukturen seiner neuen Firma im Hedge-Funds-Bereich aufzubauen.

Er hat zwei Stockwerke in einem Hochhaus gekauft und lässt sie entkernen. Während wir als Team unsere vier Schreibtische dort aufgestellt haben, durchbrechen die Bau-

arbeiter mit dem Presslufthammer den Boden, um die zwei Stockwerke zu verbinden.

Der Lärm ist ohrenbetäubend. Wir sind ständig dabei, unsere Bildschirme zu wischen, weil alles voller Staub ist.

»Hust, hust! Hast du heute auch schon eine E-Mail bekommen?«, schreit mir mein Kollege über den Tisch zu, um den Presslufthammer zu übertönen.

»Ja«, brülle ich zurück, »von der Swisscom. Sie sagen, das mit dem Anschluss dauert noch ein bisschen.«

Die Situation ist so skurril, dass wir uns ausschütten vor Lachen.

Das ist mein Auftakt in der faszinierenden Branche des Investmentbereichs. Bald wechsle ich zu einer Schwesterfirma, wo ich die nächsten fünf Jahre bleibe. Ich bin viel in New York und lerne die Welt der Regulierung kennen.

Ich habe einen tollen Job, ein Topsalär und arbeite mit wunderbaren Menschen. Aber es fehlt mir etwas. Immer stärker beschleicht mich ein diffuses Gefühl der Unzufriedenheit. Ich versuche es ständig zu verdrängen. Aber das Gefühl wird immer stärker. Und eines Morgens ist es so stark, dass es fast physisch schmerzt. Als es Zeit ist, zur Arbeit zu gehen, fühle ich mich, als ob mich zehn Pferde ins Büro ziehen müssten. Alles in mir sträubt sich. Ich will das alles nicht mehr. Ich bin wieder an dem Punkt, an dem ich schon mehrfach war: Von außen gesehen lebe ich den Traum. Aber innen wird klar: nicht meinen.

Zum Geburtstag schenke ich mir die Kündigung.

Wieder bin ich ratlos, wie es weitergehen soll. Es würde sicher wieder etwas kommen, aber wollte ich ewig so weitermachen?

Quantensprünge, wie ich sie erleben durfte, scheinen unlogisch, unrealistisch, unmöglich, aber sie sind es nicht. Es gibt tausende von Beispielen dafür. Sehen Sie das Unsichtbare in Ihrem Geist. Glauben Sie an das Unglaubliche. Dann bekommen Sie das, was die meisten als das Unmögliche bezeichnen. In trainiere das mit meinen Kunden. Ich habe es selbst erlebt. Doch mein ganz großer Shift sollte erst noch kommen – und davon will ich Ihnen im nächsten Kapitel berichten.

Deshalb: Rise chica, rise – to your potential!

11. The true north – die Reise zu den Träumen

Sie gelangen jetzt zur letzten und wichtigsten Station Ihrer Entdeckungsreise rund um den Herzkompass: Sie kommen zur *Rolle der Träumerin*. Ihr Reich liegt im Norden, dort, wo der Nordstern leuchtet und wohin sich die Nadel eines Kompasses stets ausrichtet. Und das ist es auch, was die Rolle der Träumerin für Sie leisten kann: Sie kann Ihnen den Weg zeigen. Ihren Weg zu einem selbstbestimmten, erfüllten Leben.

Kein Mensch kann Ihnen sagen, wo Ihr persönlicher Weg liegt – außer Sie selbst. Ihr Herzkompass hilft Ihnen dabei, die Richtung zu finden. Doch nur als wahre Träumerin können Sie dieses Instrument nutzen.

Nur die Träumerin findet ihre Herzensziele.

Der große Unterschied

Herzensziele sind die Ziele, die Sie aus Ihrem Inneren, aus Ihrem Selbst heraus wirklich wollen. Diese Ziele ziehen Sie magisch an, sie geben Ihnen Energie. Bei der Auswahl denken Sie nicht darüber nach, was andere von Ihnen erwarten.

Ein Herzensziel definiert sich nie über das Außen, entweder es kommt von innen oder es ist keines.

Das macht den Unterschied aus: Wenn Sie ein Ziel erreicht haben, das kein Herzensziel ist, wird Sie das höchstens kurzzeitig glücklich machen. Das gilt, selbst wenn es ein sehr großes, respekteinflößendes oder hochrespektiertes Ziel ist, das Ihnen viel Geld und/oder viel Ehre einbringt. Das *What's next* poppt sofort wieder auf und lässt Sie weiter strampeln. Arbeiten Sie dagegen in Richtung eines Herzensziels, macht Sie schon der Weg dahin zufrieden.

Wenn Sie ein Herzensziel erreichen, empfinden Sie Erfüllung.

Diesen Unterschied habe ich lange, viel zu lange nicht verstanden. Ich war ratlos, warum ich trotz des tollen Jobs, trotz des Ansehens, trotz der Annehmlichkeiten, die ich mir alle leisten konnte, diese Leere verspürte. Ich hielt es für ein Luxusproblem. Ich nahm es nicht ernst. Ich schämte mich fast dafür, weil ich dachte, das bedeutet, dass ich einfach nie genug kriegen kann. Denn was hätte ich denn noch mehr haben wollen? Erst als ich körperlich krank wurde und einfach nicht mehr so weitermachen konnte, begann ich, in die richtige Richtung zu denken.

Was folgte, war für mich der schmerzhafteste und gleichzeitig der schönste Shift. Ich war erst bereit dafür, nachdem ich verstanden hatte, was die Ursache für mein Unglücklichsein war: Diese großartigen Ziele, die ich erreichen durfte, dieser märchenhafte Aufstieg, die sagenhaften beruflichen Stationen samt der Erfolge waren wunderbar. Sie hatten jedoch einen gravierenden Fehler: Sie waren nicht meine Ziele.

Von A- zu C-Zielen

Sie können drei unterschiedliche Arten von Zielen verfolgen. Das sind A-, B- und C-Ziele.

A-Ziele sind die, von denen Sie sich sicher sind, dass Sie sie erreichen können. Sie müssen vielleicht hart dafür arbeiten, geduldig und diszipliniert sein, aber dann ist Ihnen der Erfolg gewiss. Das kann die zufriedene Familie, das etwas bessere Auto oder eine weitere Stufe auf der Karriereleiter sein. A-Ziele scheinen Ihnen möglich, Sie wissen sehr genau, was Sie dafür tun müssen. Und Ihr Umfeld erwartet wie selbstverständlich, dass Sie sich diese Ziele vornehmen.

B-Ziele sind ein bisschen schwieriger zu erreichen. Vielleicht möchten Sie mal ein Sabbatical von einem halben Jahr einlegen oder ein Haus kaufen oder Ihre Kinder zur Selbstständigkeit erziehen. Es ist wahrscheinlich, aber nicht sicher, dass Sie erfolgreich sind. Sie wissen nicht wirklich, wie Sie das anstellen sollen, aber Sie glauben, dass Sie es irgendwie schaffen werden. Und die anderen finden es gut, dass Sie sich dieses Ziel setzen.

Bei *C-Zielen* dagegen haben Sie keine Ahnung, ob Sie sie jemals erreichen werden. Sie fragen sich wundernd, wie das überhaupt gehen könnte. Sie wissen nicht, ob Sie dazu wirklich fähig sind. Aber Sie bekommen dabei Herzklopfen. Sie beginnen dabei vielleicht erst verstohlen, dann offen zu strahlen. Sie wissen nur eines: Dieses Ziel wollen Sie unbedingt realisieren, weil es eben *Ihr* Ziel ist. Es ist nicht das Ziel Ihrer Eltern, Ihrer Kinder, Ihres Lebenspartners, Ihres Chefs, Ihrer Freundinnen, Ihrer Nachbarschaft. Es ist Ihres.

So sehen Herzensziele aus.

Bei C-Zielen gehen Sie dorthin, wo Sie noch nie waren. Daran werden Sie wachsen. Bei B- und erst recht bei A-Zielen bewegen Sie sich nur seitwärts, Sie nutzen weiterhin nur das winzige Stückchen Potenzial, das Sie bisher zum Ausdruck bringen konnten. Der Rest schlummert weiter im Dornröschenschlaf, zusammen mit Ihrer Größe und Ihrer Erfüllung.

Achtung, nicht missverstehen: In dieser Kategorisierung steckt keine Wertung. A- und B-Ziele sind per se nichts Schlechtes. Es gibt auch kein Entweder-oder. A-, B- und C-Ziele lassen sich miteinander kombinieren. Sie müssen das eine nicht lassen, um das anderen zu tun.

Fatal ist es nur, wenn Sie gar keine C-Ziele haben.

Doch das ist meiner Beobachtung nach fast der Normalfall: Praktisch jeder hat A- und B-Ziele auf seiner Agenda. Die füllen unsere Terminkalender, dafür arbeiten wir uns ab und opfern all unsere Zeit und Energie. Am Ende schauen wir uns das Ergebnis an und fühlen uns nach einer ersten Freude im Inneren enttäuscht. »Warum?«, fragen wir uns, haben keine Antwort und laden uns noch mehr A- und B-Ziele auf.

Warum ist das so? Warum nehmen wir nicht einfach C-Ziele in unser Leben auf?

Die einfache Antwort ist: Wir sehen sie nicht oder wir nehmen sie nicht ernst, weil sie uns zu verrückt erscheinen. Oder wir haben Angst vor ihnen, weil sie uns zu groß erscheinen.

Fragen Sie einmal die Menschen in Ihrem Umfeld nach ihren Herzenszielen. Sie können ziemlich sicher sein, dass – wenn Sie überhaupt eine Antwort bekommen – die Auskunft ziemlich schwammig sein wird. Sie werden etwas hören von »glücklich sein« oder »ein gutes Leben führen« oder »mehr Balance finden«. Oft fallen auch die Stichworte innerer Frieden, Freiheit, Stabilität, mehr Leidenschaft, mehr Leben oder Erfüllung. Spätestens wenn Sie nachfragen, was das denn konkret bedeutet und wie sie dahin kommen wollen, wissen die Allermeisten nichts mehr zu sagen. Das ist schade.

> *Wir haben nie gelernt, darüber nachzudenken, was wir wirklich wollen.*

Wir sind angefüllt von den Lebensentwürfen, die uns vorgelebt und die von uns erwartet werden. Sie werden uns in bester Absicht empfohlen, doch bringen sie uns eben keine Erfüllung.

Manche Menschen wollen auch gar nicht über Herzensziele nachdenken. Sie trauen sich selbst nicht und haben deshalb Angst davor, was sie erwartet, wenn sie nach innen schauen. Ein Coachee von mir, Chef einer weltweit bekannten Medienagentur, sagte mir ganz offen, dass er sich vor diesem Shift fürchtet. Er hat im letzten Jahr schon mehrfach unter Panikattacken gelitten und scheut sich seither umso mehr davor, der Ursache auf den Grund zu gehen. Lieber versucht er, das quälende Gefühl mundtot zu machen. Aber natürlich ohne Erfolg.

Noch häufiger wird diese Angst erst gar nicht geäußert, sondern sie versteckt sich hinter Aussagen wie »Ach nein, das kann ich meinen Kindern nicht antun« oder »Ich werde hier so dringend gebraucht«. Das sind Ausreden. Wir opfern uns auf, obwohl es uns unglücklich macht und die anderen sehr wohl davon profitieren würden, wenn wir auch ein Stück für uns selbst, statt nur für alle anderen sorgen.

> *Wir alle haben Herzensziele.*

Als wir Kinder waren und die Eltern uns fragten: »Was willst du werden?«, dann haben wir es einfach so gesagt: Lokomotivführer, Ärztin, Astronaut oder Millionär. Es gab keine Grenzen. Ob es möglich ist, ob wir Geld verdienen oder nicht – das spielte keine Rolle. Doch als wir älter wurden, haben wir gelernt, dass es Grenzen gibt. Wir haben gelernt, auf Nummer sicher zu gehen. Anstatt Kunst haben wir Wirtschaft oder Jura studiert. Haben das Geschäft von unserem Vater übernommen, weil wir ihn nicht enttäuschen wollten. Dabei hätten wir lieber ein Restaurant in Neuseeland oder eine Strandbar in Thailand aufgemacht. Mit der Zeit haben wir sogar verlernt, diese Träume wahrzunehmen und zu benennen. Doch sind sie immer noch da.

Sie sind nur verschüttet unter der operativen Hektik oder den Pflichten, die wir im Laufe der Jahre übernehmen oder von der Mahnung, doch endlich erwachsen und vernünftig zu werden, oder von der Angst, dafür ausgelacht zu werden. Oder von allem zusammen.

Diese Herzensziele wieder freizulegen, ist der Sinn hinter dem Shift in der Rolle der Träumerin.

Der Shift des Nordens

Das ist das Versprechen: Sie finden von den A- zu Ihren C-Zielen, wenn Sie der Träumerin in sich Raum geben. Wenn Sie das tun, wird das Ihr Leben verändern. Meines hat sich jedenfalls entscheidend gewandelt.

Seit ich meinen Job im Investmentbereich gekündigt hatte, war ich auf der Suche gewesen. Ich arbeitete schon seit ich 29 bin mit mentalen Methoden, aber ich stand erneut an einem Punkt im Leben, an dem ich nicht mehr weiterkam. Also hörte ich auf damit, ohne eine Inspiration für eine neue Herangehensweise gefunden zu haben. Doch dieser Zugang zum eigenen Selbst ist wie ein Muskel: Wird er nicht benutzt, wird er schlaff. So verlor ich wieder heimlich, still und leise immer mehr den Kontakt zu mir selbst.

Ich irrte in der Welt herum, im Äußeren, wie im Inneren. Ich arbeitete als Coach, ich erklomm die Bühne. Ich erfand mich in den nächsten vier Jahren immer wieder neu, ich schwankte, was ich sein sollte, wie ich sein wollte. Das war enorm anstrengend. Auch weil ich oft exponiert auf der Bühne stand und natürlich souverän sein wollte. Das kostete mich unglaublich Kraft, denn innerlich war ich nicht stabil.

Die Quelle der Kraft ist unsere Identität, aber ich wusste ja nicht, wer ich war. Weil mir diese Klarheit fehlte, verschliss ich meine ganze Energie. Die Frage, wer ich sein könnte, beschäftigte mich Tag und Nacht.

Es war toll, dass sich der Erfolg einstellte, als Speakerin für Leadership und Kompetenzen der Zukunft anerkannt zu werden. Aber das machte mich nicht glücklich.

Dann wurde meine Mutter schwer krank. Ich hintersinne mich noch heute, wie ich den Ernst der Lage lange verkannte, weil ich zu beschäftigt mit meiner Arbeit war! Ich war mir ihrem Stress zu wenig bewusst, weil mich mein Stress stresste! Dafür blutet mein Herz heute noch. Ich hetzte von einem Vortrag zum anderen. Gleichzeitig war ich plötzlich mit der komplexen Welt des Krankseins überfordert: Versicherungsfragen, Rechtsfragen, Auswahl von Krankenheimen und Spitälern, Organisieren von Pflege, Transport, Essen und vieles mehr. Irgendwann konnte ich mich einlassen. Ich begleitete sie so gut ich konnte. Aber dann kam der emotionale Stress, die Angst, die Trauer, das Ungewisse. Und auch die Beziehung zwischen uns. Das alles war nicht leicht, denn wir fanden erst kurz vor ihrem Tod wirklich zueinander. Ich schlitterte erneut in eine permanente Überarbeitung und nannte sie Alltag. Genauso gut hätte ich wieder unter meinem Schreibtisch schlafen können.

Vor einem guten Jahr starb meine Mutter. Seit ihrem

Tod trauerte ich, ich merkte es nur vor lauter Strampeln gar nicht.

Doch heute Morgen beim Aufstehen überkommt mich eine Erkenntnis. Es ist kein rationaler Gedanke, sondern vielmehr ein bekanntes, starkes Gefühl, das mir wiederum sagt: Jetzt ist fertig. Ich will das alles nicht mehr.

Es ist ein ähnlicher Impuls wie damals am Küchentisch mit dem Hagebuttentee in der Hand, doch nicht der gleiche. Im Gegensatz zu damals weiß ich nicht nur, dass ich etwas verändern werde. Ich weiß auch was. Ich will nicht mehr trauern, ich will mich wieder dem Leben zuwenden. Und ich will das tun, was ich liebe. Und dazu muss alles ganz anders werden.

Ja, die Vorstellung von diesem »ganz anderen« ist von einer Sekunde auf die andere da. Sie ist glasklar und von einer strahlenden Anziehungskraft, die mir fast den Atem nimmt. Es fühlt sich so an, als kehrte ich zurück zu dem, was ich immer schon tun wollte: Ich will nicht mehr einfach Coach sein. Ich will mit vollem Herzen Coach sein. Das hat eine neue Qualität: Für meine Kunden will ich das Beste sein, was ich für sie sein kann. Ich will Weltklasse-Coach sein. Es geht mir nicht um Ruhm und Ehre. Ich will einfach mit dem Besten, das ich habe, meinen Kunden dienen. Ich will sie zum Besten führen, was sie haben: sich selbst.

Das ist es. Mein Herz pocht, Energie durchströmt mich. Und ich höre die Stimme meines Lehrers, der sagt: »Wenn du bei dem angekommen bist, was du liebst, dann widme dich dem dein ganzes Leben, um das Beste von dir zu geben.« Ich bin angekommen. Und ich gelobe mir selbst, das Beste für mich und meine Kunden zu sein, was ich kann.

So fühlt sich ein Herzensziel an. Ich bin wie in einer anderen Sphäre – ein Hochgefühl, aufgeregt und doch ganz ruhig. Rise, chica, rise!

Die richtige Intelligenz

Damit Sie Ihr Herzensziel finden, genügt es nicht, dass Sie sich vornehmen, ab heute groß zu denken. Die Größe allein ist kein Zeichen von Herzenszielen. Deshalb ist die Grenzenlosigkeit, die Ihnen der Shift der Denkerin verschafft, zwar sehr, sehr wertvoll, für sich genommen aber nicht genug. Sie müssen im Meer der unendlichen Möglichkeiten genau jene finden, die für Sie passt.

Vielleicht erinnern Sie sich an den Klienten, von dem ich Ihnen in einem vorherigen Kapitel erzählt habe. Auf meine erste Aufforderung, sein großes Ziel zu nennen, kam als Antwort: »CEO des Jahres werden«. Das ist sicher ein tolles Ziel, aber es war nur das, von dem er glaubte, dass alle Welt es von ihm erwartete. Sein eigenes war es nicht. Es hat mich damals sehr gefreut, dass er im Laufe unserer gemeinsamen Arbeit ein echtes Herzensziel finden konnte.

Gefunden hat er es nicht mithilfe seiner Intelligenz. Sondern mit der Weisheit seines Herzens. Die Ratio hilft Ihnen in dieser Sache gar nichts.

> *Um Ihr Herzensziel zu finden, müssen*
> *Sie eine neue Sprache lernen: die*
> *Intelligenz und Weisheit des Herzens.*

Über diese Herzweisheit verfügt jeder Mensch in großem Maße. Sie ist aus Sicht der Evolution wesentlich älter als die rationale Intelligenz und wir nutzen sie intuitiv. Im übertragenen Sinn formt sich unser emotionales Gehirn weit vor unserem intellektuellen. Und es kann uns auch wesentlich stärker aktivieren: Herzensentscheidungen setzen 60 Mal mehr Energie in uns frei als Kopfentscheidungen.

Die Ratio ist bemüht, Sie auf den sichersten Lebensweg

zu führen. Das Herz führt Sie dahin, wo Ihr Leben Größe findet. Deshalb kann Ihre Kopfintelligenz Ihr Herzensziel nicht finden, die Weisheit Ihres Herzens dagegen schon.

Sie spricht allerdings eine Sprache, die Sie so vielleicht schon lange nicht mehr gehört haben ...

Unsere Herzsprache

Wir werden von klein auf von unseren Eltern, der Schule, dem Business darauf trainiert, auf unsere Stimme der Vernunft zu hören statt auf die Sprache unserer Empfindungen. Was zählt, sind sachliche Argumente und nicht diffuse Gefühle. Wir sind häufig so fokussiert darauf, auf unseren Kopf zu hören, dass wir verlernen zu hören, was das Herz uns sagt.

Wenn Sie Ihr Herzensziel finden wollen, müssen Sie die Herzsprache wieder lernen. Das ist nicht so schwer, denn Sie konnten sie früher gut.

Sie konnten die Herzsprache lange, bevor
Sie gelernt haben, Worte zu formen.

Sie müssen diese Sprache also nicht neu lernen, sondern einfach auffrischen. Nur Mut: Das ist wie Fahrradfahren. Wenn Sie es einmal gelernt haben, sind Sie nach einigen Jahren der Abstinenz vielleicht ein bisschen eingerostet, aber Sie kommen schnell wieder hinein.

Es geht darum, erneut zu entdecken, wie sich etwas anfühlt. Der Körper ist der Ausdruck Ihrer Gefühle, also nehmen Sie ihn wahr: Bekommen Sie eine Gänsehaut? Krampft sich Ihr Magen zusammen? Spüren Sie Herzklopfen? Läuft es Ihnen kalt den Rücken herunter? Durchströmt Sie ein warmes Gefühl? Empfinden Sie Energie? Bei welchen Gedanken, in welchen Situationen passiert das?

So aktivieren Sie Ihr Verständnis für die Herzsprache und die Botschaft, die Ihnen Ihre Herzintelligenz übermittelt. Mit ihr finden Sie die richtige Richtung auf Ihrem Herzkompass: Welche Richtung zeigt er an? Wo nähern Sie sich Ihrem Herzensziel? Dort wird der Kompass anschlagen. Und wenn Sie sich auf die Herzsprache konzentrieren, nehmen Sie diesen Anschlag der Nadel wahr: Vielleicht klopft Ihr Herz, vielleicht wird Ihnen warm ums Herz, vielleicht geht Ihr Atem schneller. Die Reaktion wird da sein.

Unser Körper ist der Resonanzkörper unserer Emotionen.

Wie eng Körper und Vorstellung verknüpft sind, können Sie an einem kleinen Selbsttest sofort nachvollziehen: Schließen Sie die Augen und denken Sie intensiv an eine reife, pralle Zitrone. Sehen Sie sie, wie sie in Ihrer Hand liegt, riechen Sie den Duft, wenn Sie mit Ihren Fingern daran reiben. Und jetzt stellen Sie sich vor, Sie schneiden die Zitrone auf und lassen langsam einige Tropfen des sauren Saftes auf Ihre Zunge rinnen. Spüren Sie etwas? Ich wage zu behaupten, dass Ihnen das Wasser im Mund zusammenläuft. Obwohl die Zitrone und ihr Saft nur als Idee Ihres Geistes existieren. Und genauso wird die Vorstellung Ihres Herzensziels eine Reaktion Ihres Körpers hervorrufen, die Sie mit Ihrem Kompass registrieren können.

Ich möchte Ihnen noch einige Empfehlungen geben, mit der Sie Ihre Suche nach dem Ziel strukturierter angehen können. Holen Sie sich für Ihren Schritt ruhig auch Unterstützung, denn es ist wie damals an dem Berg Mönch, als ich die gefährliche Stelle überqueren sollte: Sie gehen selbst, aber Sie müssen nicht allein gehen.

Ihrem Herzensziel auf der Spur

Verschaffen Sie sich Zeit für sich, sorgen Sie für eine schöne Umgebung und setzen Sie sich. Sie brauchen Papier und einen Stift, denn es ist wichtig, dass Sie das, was Sie notieren, mit der Hand aufschreiben. Sie geben Ihren Ideen damit einen vorläufigen Ausdruck in der Welt. Es ist wie eine Vorstufe der Materialisation des Gedankens, wenn durch das Wirken Ihrer Finger etwas Greifbares entsteht. Durch das Schreiben entstehen Bilder, durch Bilder entstehen Emotionen und durch Emotionen entstehen Handlungen.

Fangen Sie an, eine Art Shoppinglist Ihrer Herzensziele zu entwerfen. Fragen Sie sich: Was will ich wirklich? Wie könnte ich sein? Wie will ich sein?

Schreiben Sie auf, was Ihnen einfällt. Achten Sie gut darauf, dass Sie sich dabei weder von Ihrem inneren Kritiker noch von Ihrer Vernunft bremsen lassen: Notieren Sie sämtliche Ideen. Dies ist noch lange keine verbindliche Liste, Sie sind auf der Suche. Hier ist Raum für alle, wirklich alle Möglichkeiten.

Lassen Sie sich bei Ihrer Suche inspirieren.

Überlegen Sie zum Beispiel, wer Ihre Vorbilder sind. Gerade Männer tendieren dazu, erst einmal zu behaupten: »Ich habe keine Vorbilder«. Das liegt daran, dass die Bewunderung zur Herzsprache gehört, die so viele von uns erfolgreich verdrängt haben. Doch das war nicht immer so: Wenn

Ihnen kein aktuelles Vorbild einfällt, versetzen Sie sich in Ihre Kindheit zurück. Ich beispielsweise habe Pippi Langstrumpf geliebt, weil sie so unerschrocken war und sich die Welt gemacht hat, wie es ihr gefällt. Und Christoph Kolumbus und Marco Polo, weil sie mutig in unbekannte Welten aufgebrochen sind. Was hat das mit mir zu tun? Nun, ich mache auch, was mir gefällt. Und ich reise permanent um die Welt. Und ich breche mit Ihnen auf zu einer Entdeckungsreise in die innere Welt. Wen fanden Sie toll? Was hat Ihnen an diesen Helden gefallen? Und was hat das mit Ihnen zu tun?

Es geht dabei nicht nur um klassische Vorbilder. Schauen Sie sich um: Wer ist so, wie Sie gerne wären? Wer tut etwas, was Sie auch gerne täten? Wie gesagt: Denken Sie ohne Grenzen, alles ist möglich, alles ist erlaubt.

Gehen Sie auf Ihrer Suche auch Ihre Lebensfelder durch. Stellen Sie sich Fragen wie:

- Wie soll es um meine Gesundheit bestellt sein?
- Wie will ich finanziell dastehen?
- Wie soll meine Partnerschaft aussehen?
- Wie wünsche ich mir mein nahes Umfeld aus Familie und Freunden?
- Welche berufliche Entwicklung macht mich glücklich?
- Wie will ich mich persönlich weiterentwickeln?
- Was will ich in diese Welt bringen?
- Für welche Werte will ich einstehen?
- In welchen Bereichen möchte ich wirken?

Schreiben Sie Ihre Ideen dazu nicht nur auf, suchen Sie sich auch Bilder dazu. Blättern Sie Zeitschriften durch, stöbern Sie im Internet, gehen Sie Ihre Fotos durch: Wo immer Sie hängenbleiben, weil Sie sich angezogen fühlen, kopieren Sie das Bild. Legen Sie die Bilder auf den Boden und fragen Sie sich: Was spricht mein Herz an? Welches Bild löst etwas in mir aus? Wo zieht es mich magisch hin?

Gestalten Sie mit den attraktivsten Bildern ein Vision Board. Suchen Sie nicht nach einer rationalen Begründung, warum Ihnen dieses Bild gefällt:

Vertrauen Sie Ihrer Herzintelligenz.

Richten Sie Ihren Blick nach innen. Und denken Sie auch nicht darüber nach, was andere dazu sagen, es geht nur um Sie. Es gibt einen Tanzstil, der »5 Rhythms« heißt. Dabei bewegen Sie sich nicht nach irgendwelchen Schrittvorgaben wie bei den üblichen Tänzen – also der Körper folgt dem Geist –, sondern Sie überlassen sich den Bewegungen, die Ihnen Ihr Körper vorgibt. Es ist »verboten«, darüber nachzudenken, wie Sie dabei aussehen. Das ist eine großartige Übung, um in Kontakt mit Ihrem Inneren zu kommen. Denn wenn Sie Ihrem Körper keinen Raum geben, dann sind Sie ein *no-body*. Mit diesem Tanz geben Sie Ihrem Körper diese Freiheit, Sie werden zu *some-body*.

Achten Sie, während Sie Ihre Ideen sammeln, immer auf Ihren Herzkompass. Wo schlägt er an? Was wirkt besonders anziehend auf Sie? Geben Sie sich Zeit für diesen Prozess. Ihre Herzensziele sind möglicherweise tief verschüttet und es dauert eine Zeit, bis sie an die Oberfläche kommen. Werden Sie in die eine Richtung nicht fündig, dann suchen Sie in einer anderen.

Das ist die Suche nach den Goldnuggets. Meine Kunden lassen ihre Vorstellungen entstehen und ich mache sie aufmerksam, wenn ich eines aufblitzen sehe. Daran arbeiten wir dann weiter.

Das möchte ich Ihnen auch empfehlen: Warten Sie nicht darauf, dass Ihr Kompass gleich voll ausschlägt, sondern achten Sie auf die kleineren Regungen. Denken Sie in diese Richtung weiter. Gut möglich, dass dies eine vielversprechende Spur ist. Herzensziele entwickeln sich auch und gewinnen an Kontur, wenn Sie Ihre Gedanken darum kreisen lassen. Sie werden mit der Zeit größer und präziser.

Sie können in einem Punkt ganz sicher sein:

*Auch Sie haben Herzensziele, die Ihrem
Leben Sinn und Erfüllung geben.*

Sie werden sie finden, wenn Sie auf Ihren Herzkompass vertrauen. Allerdings gibt es eine Bedingung dafür ...

Wo die Angst ist, ist der Weg

Trotz aller Strukturierung und Unterstützung gelingt Ihnen der Shift zu Ihrem Herzensziel nur unter einer Voraussetzung: Sie müssen dafür bereit sein. Das heißt, dass Sie wirklich dahin gehen wollen, wo Sie vorher noch nie waren. Genau in diesem unbekannten Terrain ist es, wo Freiheit, Kraft und Größe auf Sie warten. Das ist eine Entscheidung, die Ihnen keiner abnehmen kann.

Diese Entscheidung macht auch Angst. Das ist kein Zeichen von Schwäche – weder der Ihren noch der Schwäche Ihres Herzensziels. Im Gegenteil: Die Angst gehört unbedingt dazu, wie ich selbst erfahren habe.

Ich weiß jetzt also, dass es mein Herzensziel ist, ein Weltklasse-Coach für meine Kunden zu werden. Ich kann es für mich noch nicht so recht einordnen, doch eines ist mir klar: Weltklasse kann ich nur werden, wenn ich von Weltklasse-Profis lerne. Ich setze mich hin und schreibe einem der bekanntesten Coaches der Welt, Bob Proctor, dass ich mit ihm arbeiten möchte. Und weil ich ja immer noch Kämpferin bin, setze ich hinzu: Am besten sofort.

Bill, einer seiner Coaches, ruft mich an und sagt: »Nicole, eigentlich sind wir voll, aber du hast Glück. Heute Morgen hat eine Dame abgesagt. Und, das Treffen mit Bill im engsten Kreis findet bereits in zehn Tagen statt.«

Das ist die Bestätigung für mich: Wenn die Entscheidung gefällt ist, ergibt sich alles und passt zusammen. Wie schon ein Sprichwort sagt: »Wenn der Schüler bereit ist, zeigt sich der Lehrer.« Und so war es auch bei mir. Ich sage alle Engagements für diese Zeit ab, darunter auch das bei der Universität St. Gallen. Es ist ein Aufbruch in einen neuen Lebensabschnitt und gleichzeitig ein Abschied an die alte Zeit. Kurz flackert eine kleine Wehmut auf, aber ich bin wild entschlossen. Ich habe mich entschieden. Ich vermittele ihnen meinen ehemaligen Professor und schließe innerlich damit ab.

Ich weiß nicht, was mich erwartet, ich weiß nur, dass ich das machen will. Ich fühle mich endlich wieder mit mir verbunden und bringe mein Dauergrinsen nicht weg.

Als Bob Proctor dann vor uns 20 Teilnehmerinnen und Teilnehmern steht und jeden einzelnen fragt, was er wirklich möchte, schlucke ich. Und mir wird auf einmal klar, warum: Bis jetzt bin ich mein ganzes Leben den fantastischen Chancen gefolgt, die sich geboten haben. Ich musste nur Ja sagen. Um diese Erfahrungen bin ich tief dankbar. Aber jetzt stehe ich tatsächlich vor einer neuen Ära: Zum ersten Mal soll ich sagen, was ich wirklich will!

Wir arbeiten drei Tage intensiv miteinander und auch das versetzt mich in ein Hochgefühl. Wie ein Bild, das am Entstehen ist und immer deutlicher wird, weiß ich plötzlich glasklar, was ich will. Es ist über Nacht passiert. Als ich frühmorgens aufwache, sind die Augen geschlossen, aber das Herz ist weit offen. Es klopft mir bis zum Halse. Ich fühle mich gut und gleichzeitig habe ich riesige Angst. So

kenne ich mich gar nicht. Normalerweise jagt mir nichts so
schnell einen Schrecken ein. Aber heute bin ich fast über-
wältigt von dem Gefühl.

    Und prompt beginnt Bob den Morgen im Seminar mit
den Worten: »Wenn euer Ziel euch nicht Angst macht,
dann seid ihr auf dem Holzweg. Dann verschiebt ihr euch
seitwärts. Dann ist euer Ziel nicht das richtige.«

Ihre Herzensziele sind dafür da, dass Sie an ihnen wachsen.
Sie müssen sich in ungeahnter Weise strecken, um auch nur
in die Nähe zu kommen. Nur so werden Sie ungeahnte Kräfte entfesseln und sich entfalten. Nur so werden Sie Ihre eigene Fülle leben und erleben. Nur so wecken Sie, was an Potenzial in Ihnen schlummert. Nur so laufen Sie zur Höchstform
auf und bringen Ihre Größe in die Welt.

    Wenn Sie sich zu Ihrem Herzensziel aufmachen, be-
deutet das also, dass Sie dahin gehen, wo Sie noch niemals
waren. Das macht Angst. Das muss Angst machen.

Wenn Sie keine Angst haben, ist
Ihr Ziel nicht groß genug.

Dann versagen Sie sich Wachstum, dann ist es kein Herzens-
ziel. Suchen Sie weiter, bis Sie etwas finden, was Sie über alle
Maßen anzieht und Ihnen über alle Maßen Angst macht.
Dann sind Sie richtig.

    Chica, dann haben Sie den großen Shift geschafft. Dann
haben Sie Ihr Herzensziel gefunden. Und dann gibt es nur
noch eines: Folgen Sie ihm! Go, chica, go!

12. Auf zum Herzensziel

Wenn Sie an diesem Punkt angekommen sind und nun Ihrem Herzensziel folgen, haben Sie eine weite Reise unternommen. Sie sind durch alle vier Rollen einer starken Frau gegangen und haben den Shift gemacht:

- als *Kämpferin* von der Angst zum Mut
- als *Liebende* vom Ich zum Selbst
- als *Denkerin* vom conscious zum subconscious mind
- als *Träumerin* von den Zielen anderer zu Ihrem Herzensziel

Weiblich. Wild. Weise.

So ist Ihnen der ganzheitliche Shift von außen nach innen gelungen. Das ist großartig, denn dadurch sind Sie in die Kraft gekommen. Sie haben Zugang zu Ihrem Potenzial erhalten und wissen, wohin Sie wollen. Sie treten ein in Ihre Welt der Selbstverantwortung und Selbstbestimmung – dort, wo Erfüllung möglich wird.

Dies ist ein prickelnder Moment. Für mich als Coach ist es mit das Schönste, wenn meine Kunden diesen Punkt erreichen: Dann geht ihnen das Herz auf – und mir gleich mit. Darum biete ich meinen Kunden Businesscoaching heute nur noch auf Wunsch an. Die größten Erfolge sind Quantensprünge auf allen Ebenen, die meine Kunden durch die Suche nach den Goldnuggets für ihr Leben erreichen können, nicht einfach verbesserte Leistung. Leistung ist wichtig. Sie ist essentieller Teil Ihres Selbstausdrucks. Aber Sie sind so viel mehr als Leistung. Nicht die Rakete, sondern der Traum hat die Menschen auf den Mond gebracht. Die Maschine gibt die Leistung, der Traum gibt den Sinn.

Nun ist es Zeit, Ihr Herzensziel auch Realität werden zu lassen. Bob Proctor, mein Mentor, sagt es treffend:

Go from fantasy to theory to reality!

Wenn du es träumst …

Sie haben den ersten Schritt für die Umsetzung bereits getan: Sie haben Ihr Herzensziel niedergeschrieben und Sie haben sich ein Bild davon gemacht. Das ist sehr gut so, denn Ihre Idee hat so schon Ausdruck angenommen. Sie ist ein Stück weit Realität geworden. Es ist, wie Walt Disney sagte: »If you can dream it, you can do it.« – »Wenn du es träumen kannst, kannst du es auch tun.«

Wenn Sie Ihren Traum nun weiter konkretisieren, tauchen automatisch die nächsten Schritte auf: Sie wissen, wo Sie stehen und was zu tun ist. Und die Anziehungskraft Ihres Herzensziels gibt Ihnen die Energie dafür und Ihre vier starken Rollen das Mindset.

Die Herzkraft ist Ihr Motor, Ihr Mindset das Lenkrad.

Ein schönes Akronym für Umsetzungserfolg aus dem Amerikanischen lautet:

- **Sense of direction**: Sie wissen, wohin Sie wollen: zu Ihrem Herzensziel.
- **Understanding**: Sie haben das Selbstverständnis, dass Sie dort hinkommen werden.

- Courage: Sie haben den Mut, es anzugehen.
- Compassion: Sie haben die Leidenschaft, weil es um Ihr Herzensziel geht.
- Esteem: Sie sind voll Wertschätzung für Ihren Weg.
- Self-confidence: Sie haben das nötige Selbstvertrauen, dass Sie es schaffen können.
- Self-Attraction: Sie nehmen Ihr Ziel vorbehaltlos an.

Sie bringen also alle Voraussetzungen für den Erfolg mit, wenn Sie die Shifts gemacht haben und Ihr Herzensziel kennen. Sie spüren Ihre Power mit jedem Schritt mehr.

Ich bin glücklich, denn ich bin wieder da, wo ich als Kind schon einmal: Ich glaube wieder an die Unendlichkeit des Potenzials, das jeder von uns in die Welt bringen kann. Gleichzeitig weiß ich, wie ich noch einen Schritt weiter komme, denn ich kenne mein Herzensziel: anderen dabei helfen, ihre Herzensziele zu finden und sie zum Blühen zu bringen. Das heißt, ihrem Leben Sinn, Größe und Wirkung zu verleihen.

Ich entwickle die Arbeit am Mindset, mit der ich seit 30 Jahren intuitiv umgehe, weiter. Ich habe mittlerweile ein geniales Programm, in dem ich meine Kunden mit 12 Schritten durch einen strukturierten Prozess zu ihrem Herzensziel führen kann. Damit kann ich meine Kunden noch besser auf ihrem Weg unterstützen. Jeder Schritt bringt wichtige Goldnuggets zutage. Mit den 12 Schritten kommen sie leichter und wesentlich schneller an ihr großartiges Potenzial. Bereits jetzt zeigen sich spektakuläre Erfolge. Das beglückt mich zutiefst. Denn nicht nur sie wachsen. Auch ich werde an meinem Herzensziel immer weiterwachsen.

Ich habe mein Herzensziel fest im Blick, es zieht mich an und erfüllt mich mit Freude. Ich spüre eine innere Energie wie nie zuvor in meinem Leben.

Meiner Erfahrung nach ist das eine wirkungsvolle Maßnahme gegen Burn-out, innere Leere und Erschöpfungszustände: Sie nehmen Ihr Leben in die Hand und folgen selbstbestimmt Ihrem Herzensziel. Sie lösen sich aus der Fessel der Fremdbestimmung, die Sie strampeln lässt, ohne je Erfüllung zu finden.

Machen Sie sich auf den Weg und lassen Sie sich nicht aufhalten. Ihre Hindernisse liegen nicht im Außen, sondern nur im Innen.

Äußere Umstände – Stolpersteine zum Herzensziel

Ich habe aus nächster Nähe mit angesehen, was passiert, wenn sich ein Mensch von seinem Herzensziel abbringen lässt. Meine Mutter gab ihr geliebtes Medizinstudium auf, als sie mit mir schwanger wurde. Die Ächtung, die sie sich damals auferlegte, zerstörte ihr Selbstbild, so dass sie nie mehr die Kraft gefunden hat, ihr Herzensziel wieder aufzunehmen. Sie war überzeugt, dass sie es einfach nicht verdient, ein erfülltes Leben zu führen. Dabei war sie eine starke Frau: Fremde Hilfe konnte sie sich einerseits nicht leisten oder hat sie stets abgelehnt. Sie war stolz darauf, immer alles alleine zu schaffen. Sie war hochgebildet, verschlang Bücher und Zeitungen, ging an die Universität für Erwachsene. Dafür hat sie meine Hochachtung. Und trotzdem konnte sie ihr sagenhaftes Potenzial nicht in die Welt bringen. Das macht mich unsäglich traurig.

Ja, die äußeren Umstände hatten es ihr nicht leicht gemacht, an ihrem Herzensziel festzuhalten. Doch unmöglich war es nur in ihrem Kopf.

Äußere Umstände sind nie ausschlaggebend,
wenn ein Mensch seinen Traum aufgibt.

Meine Großmutter ist das beste Beispiel dafür. Ich habe sie leider nie persönlich kennengelernt, aber sie muss, wie Ma Ma, eine bemerkenswerte Frau gewesen sein. Sie hat nicht nur sechs eigene, sondern auch noch sieben Pflegekinder aufgezogen. Die Philippinen waren zu ihren Lebzeiten ein Entwicklungsland und – wie auch noch heute – zutiefst dem Katholizismus verhaftet. Meine Großmutter schaffte es dennoch, ihren Traum zu verwirklichen: eine gute Bildung zu bekommen und diese auch an andere weiterzugeben. Schlussendlich wurde sie Professorin an der Universität von Manila. Sie hatte sich durch nichts und niemand von ihrem Herzensziel abbringen lassen. Auch sie hat meine größte Hochachtung.

Die obersten Bedürfnisse

Ein Herzensziel beinhaltet– wie bei meiner Großmutter – sehr, sehr häufig, dass wir anderen damit dienen. Wir stillen damit unsere obersten Bedürfnisse: die nach *growth* und *contribution*. Sie erinnern sich vielleicht: Ich habe Ihnen in Kapitel 3 die sechs Bedürfnisse des Menschen nach Tony Robbins vorgestellt. Wachstum und den eigenen Beitrag zum großen Ganzen zu leisten, sind die Bedürfnisse des Geistes. Das Streben danach lässt uns über uns hinauswachsen, es setzt ungeahnte Kräfte in uns frei und gibt uns die Möglichkeit, unser Potenzial zu entfalten.

> *Growth und contribution sorgen für wahre Erfüllung.*

Es geht mir persönlich ja nicht anders: Mein Herzensziel ist nicht, als Weltklasse-Coach bekannt zu sein, sondern als Weltklasse-Coach meinen Kunden zu dienen. Es ist jedes Mal die schönste Anerkennung, wenn ich gesagt bekomme: »Dank deiner Unterstützung habe ich es geschafft, zu mir selbst zu finden.«

Ob Sie Ihrem Herzensziel trotz widriger Umstände weiter folgen oder aufgeben, hat ungleich mehr mit Ihrem Selbstbild als mit den Umständen zu tun. Ich kenne viele Frauen, die arbeiten bis zur Erschöpfung, um die Erwartungen der anderen zu erfüllen. Sie suchen sich zum Teil sogar therapeutische Hilfe, um ihre Verzweiflung über die innere Leere zu bekämpfen, an ihrem Selbstbild arbeiten sie jedoch nicht. Damit steht und fällt aber, ob Sie Ihr Herzensziel finden, es sich zutrauen und gegen all Gegenwinde darauf hinarbeiten.

Auf der anderen Seite müssen Sie sich für Ihr Herzensziel nicht von den Umständen Ihres jetzigen Lebens lossagen. Nochmals zur Erinnerung:

Herzensziele schließen Ihre übrigen Ziele nicht aus.

A- und B-Ziele wie eine weitere Stufe auf der Karriereleiter, ein Sabbatical, der geplante Hauskauf oder sportliche Ziele wie die Teilnahme an einem Marathon lassen sich damit kombinieren und abstimmen. Sehr oft ist das Herzensziel einfach *das fehlende Teil*. Sie müssen sich also nicht aus Prinzip von den Erwartungen der anderen loseisen, solange Sie sie selbstbestimmt annehmen. Alles ist möglich, solange Sie Ihre Herzensziele nicht aus den Augen verlieren.

Wenn Sie jedoch merken, dass Sie (wieder) nur die Ziele der anderen leben, haben Sie die Richtung verloren. Dann ist es dringend Zeit, einen Blick auf Ihren Herzkompass zu werfen.

Was macht Sinn?

Es ist keine Selbstverständlichkeit, dass Sie immer auf dem richtigen Kurs bleiben, wenn Sie Ihr Herzensziel ansteuern. Die Gefahr, dass alte Gewohnheiten, alte Glaubenssätze Sie heimlich wieder einholen, ist stets gegeben.

Meine Freundin Simone lebt in einer Beziehung. Sie wünscht sich schon lange, dass ihr Partner und sie zusammenziehen. Bisher hat er sich immer geweigert, aber nun ist er endlich einverstanden. Sie freut sich sehr. Sie wird zu ihm ziehen und ihre eigene Wohnung vermieten.

Sie erzählt mir am Telefon: »Ich habe einen sehr netten Mieter gefunden, der auch bald meine Wohnung übernehmen wird. Eigentlich läuft alles wunderbar.«

Ich werde hellhörig und hake nach: »Was meinst du mit ›eigentlich‹?«

»Na ja«, antwortet sie stockend, »ich habe zurzeit eine Blasenentzündung nach der anderen.«

Ich frage gerade heraus: »Simone, kann es sein, dass du dich bei dem Gedanken unwohl fühlst, deine Wohnung aufzugeben?«

»Nein, das kann doch gar nicht sein!«, erwidert sie rasch. »Genau das habe ich mir doch gewünscht. Und doch ...«

Ich schweige und warte ab, bis sie weiterspricht.

Sie räuspert sich schließlich und sagt: »Du hast recht. Mir fällt es sehr schwer, meine Wohnung aufzugeben. Aber was soll ich denn tun? Es ist doch die praktischste Lösung. Und der Mietvertrag ist auch schon unterschrieben.«

»Du könntest dem Mieter freundlich absagen und die Wohnung behalten«, schlage ich ihr vor.

»Das macht doch keinen Sinn. Das kann ich nicht machen. Der Mieter wird total sauer«, widerspricht sie schwach.

»Wenn es dich krank macht, deinen Rückzugsort auf-
zugeben, macht es schon Sinn«, antworte ich freundlich.
»Was sagt denn dein Herz dazu?«

Sie überlegt einen Moment und seufzt erleichtert auf:
»Behalten!«

Ich seufze erleichtert mit ihr, als ich antworte: »Follow
your heart.«

Der zukünftige Mieter war wirklich alles andere als erfreut, als meine Freundin ihm den Vertrag wieder kündigte, aber sie hat es durchgezogen und ist ihrem Herzen gefolgt. Heute lebt Simone glücklich mit ihrem Partner zusammen. Aber sie ist froh, dass sie ihre Wohnung noch hat. Hier hat sie ihre Rückzugsmöglichkeit, ihren Garten, ihre Tiere. Das entspricht nicht dem, was andere als praktisch bezeichnen, aber es entspricht ihrem Herzensziel.

Deswegen ist die Entscheidung, auf Ihr Herz und Ihren Herzkompass zu hören, so wichtig. Der Herzkompass weist zuverlässig den richtigen Weg: Er zeigt unbeirrbar in Richtung Herzensziel. Wenn Sie unsicher werden, wenn Sie merken, dass Ihnen etwas querliegt: Gehen Sie bewusst nach innen und hören Sie auf die Sprache Ihres Herzens. Und dann tun Sie das, was Ihr Herz sagt. Das, was Sie scheinbar daran hindert, wird sich als lösbar erweisen. Ein Zitat von Konfuzius bringt es auf den Punkt:

Menschen stolpern nicht über Berge, son-
dern über Maulwurfshügel.

Es ist eine Frage Ihres Mindsets, ob Sie an den Berg glauben oder das Häufchen, über das Sie ohne Weiteres hinweg steigen oder es pulverisieren können.

Justierung inbegriffen

Auf die Sprache Ihres Herzens zu hören, braucht Training: Wenn Sie üben, entwickeln Sie Ihre Fähigkeit. Verordnen Sie sich ein regelmäßiges Herztraining. Machen Sie es sich zur Gewohnheit, bewusst den Shift nach innen zu machen. Betreten Sie immer wieder Ihren inneren Raum, wo Sie ganz bei sich sind.

Solange Sie in Übung sind, geht das leicht: Sie können von einer Sekunde auf die andere mit sich in Kontakt treten. Nutzen Sie diese Chance so häufig wie möglich, denn so überprüfen Sie die Richtung Ihres täglichen Handelns. Werden Sie sensibel für Ihren Herzenskurs. Justieren Sie nach, wenn er nicht mehr stimmt. Sie haben es jeden Tag in der Hand, sich aufs Neue auf Ihr Herzensziel zu fokussieren. Dann tappen Sie nicht in die Fallen, die sich auftun – und seien sie auch noch so verlockend …

Einen Monat, nachdem ich mein Engagement an der Universität St. Gallen abgesagt habe, ruft mich die zuständige Leiterin an. Sie ist eine unglaublich sympathische Frau.

»Nicole«, sagt sie charmant, »willst du es dir nicht noch einmal überlegen? Wir würden uns sehr freuen, wenn du weitermachst.«

Ihr Anruf freut mich sehr. Erstens ist sie eine tolle Frau und zweitens ist es nicht selbstverständlich, dass dieses renommierte Haus sich für meine Arbeit interessiert, schließlich habe ich rebellisch mein erstes Studium hingeschmissen, weil ich mich an der Uni – wie überall – fehl am Platz fühlte. Fast werde ich schwach. Doch ich denke an meinen Herzkompass und antworte freundlich, aber bestimmt: »Vielen Dank, euer Angebot ehrt mich, aber ich habe mich für eine andere Richtung entschieden.«

Meine Richtung heißt Herzensziele.

Herzlich willkommen!

In Kapitel 7 habe ich Sie zu etwas eingeladen, was ich als Entdeckungsreise und Heimkehr zugleich bezeichnet habe. An den Ort zu gelangen, den Sie nie verlassen haben: sich selbst. Heißen Sie sich herzlich willkommen bei sich selbst. Hier finden Sie Ihre wahre Größe und deren Ausdruck in der Welt. Hier finden Sie Ihr Potenzial und Ihre Energie. Flankiert von den vier Rollen einer starken Frau lesen Sie Ihren Herzkompass und entdecken Ihre Herzensziele. Sie haben das Mindset und Sie haben die Herzkraft, aus Ihrem Traum Wirklichkeit werden zu lassen. Das ist nicht egoistisch, das ist zum Wohle aller. Denn starke weibliche Persönlichkeiten sind das, was wir in Wirtschaft und Gesellschaft mehr brauchen denn je.

Wir Frauen drücken unsere spezifische Stärke anders aus als Männer und das ist gut so. Wir haben die Fähigkeit, Gemeinschaften liebevoller, Unternehmen profitabler und unsere Gesellschaft zukunftsfähiger zu machen. Und unser eigenes Leben erfüllter. Das ist ein Traum, der keiner bleiben muss. Das wünsche ich mir für Sie, Ihre Mütter, Ihre Töchter, für uns alle. Ich bin der festen Überzeugung, dass dabei nur Gutes entsteht.

Ich möchte Sie ermutigen, Ihr Herzensziel anzugehen. Und wenn Sie es schon gefunden haben, gehen Sie dem mit noch feurigerer Leidenschaft entgegen, was Sie sind: großartig.

Erst wenn Sie entdecken, dass das niemals aufhört, kann Ihr Licht Ihr ganzes Sein durchfluten. Dann kann die innere Sonne aufgehen. Dann können Sie entdecken, dass Ihre Horizonte noch viel weiter sind und Ihre Größe noch größer ist, als Sie sich je vorstellen können.

Rise, chica, rise!

Destination Ich!

Es würde mich sehr freuen, wenn ich Sie mit meinem Buch ermutigen kann, die Reise zu sich selbst, zu Ihrem Potenzial und zu Ihren Herzenszielen anzugehen. Wo immer Sie auch heute stehen: Ihre Reise ist nie zu Ende. Die Destination *Ich* ist eine Lebensreise mit vielen Zwischenstationen. Endgültig ankommen werden wir bis zum Ende unserer Tage nicht. Das klingt traurig, ist es aber ganz und gar nicht. Endgültig anzukommen ist nicht der Sinn. Solange Sie auf der Reise zu Ihrer Größe sind, wachsen Sie. Das ist der Sinn des Lebens: zu werden, wer Sie sind. Und weil wir alle von einer Fülle sind, die in der Lebenszeit eines einzelnen Menschen Ausdruck finden kann, gibt es immer Raum für weiteres Wachstum. Deshalb bedeutet Wachstum Leben. Wer als Persönlichkeit nicht mehr wächst, stirbt innerlich.

Sie sind so viel mehr, als Sie gerade jetzt sind! Deshalb wünsche ich Ihnen, dass Ihre Reise nie ein Ende findet. Doch etwas anderes wünsche ich Ihnen ebenfalls sehr: Dass Sie für sich eine Dimension des Wachstums entdecken, von der ich gerne viel, viel früher erfahren hätte. Ich habe sie in ihrer Tragweite nämlich erst letztes Jahr erfahren dürfen. Die Dimension heißt Liebe und Vergebung.

Meine Mutter und ich waren ein Leben lang hart wie Stein zueinander. Wir kämpften gegeneinander, wir machten uns Vorwürfe, wir fühlten uns schlecht behandelt. Die Schuld für diese Situation gaben wir dem anderen. Wir haben beide sehr darunter gelitten.

Dann wurde sie krank, sehr krank. Zwei Jahre lang habe ich sie begleitet, und es war schwierig. Ich hatte so vieles noch nicht begriffen, so dass unsere Beziehung immer noch von Härte geprägt war. Als es ihr dann so schlecht ging, dass sie ins Spital musste, kam es zum Wendepunkt. Meine Mutter war jetzt auf fremde Hilfe angewiesen. Und sie zeigte mir eine Seite, die ich so nie an ihr gesehen hatte.

Sie, die stolze, unbeugsame Frau, nahm die Hilfe in einer Weise an, die mir Ehrfurcht einflößte: mit Erhabenheit und Würde. Keine Spur von Ergebenheit oder Resignation. Mit Anmut schritt sie diesem letzten Abschnitt ihres Lebens entgegen.

Ma Ma war eine kleine Person, aber eine große Persönlichkeit. Zum ersten Mal erkannte ich ihre Größe. Zum ersten Mal konnte ich auch die Größe sehen, die sie in ihrem bisherigen Leben gezeigt hatte und vor der ich – verhärtet ihr gegenüber, wie ich war – die Augen verschlossen hatte: Wie viel sie sich allein auf sich gestellt beigebracht hatte, zum Beispiel die elf Sprachen, die sie fließend beherrschte. Was sie alles darangesetzt hatte, um mich auf ihren Reisen mitzunehmen. Wie sie sich jeden Rappen vom Mund abgespart hatte, nur um sich die Besuche bei mir leisten zu können.

Ich sah sie zum ersten Mal nicht mehr aus der Sicht des Kindes, das sich bei seiner Mutter beklagt, was es alles nicht bekommen hat. Ich sah sie aus der Sicht einer erwachsenen Tochter. Wenn unsere Eltern sterben, dann passiert etwas Großes: Wir gehen den letzten Schritt in unser erwachsenes Sein. Allein die Tatsache, dass wir volljährig sind, macht uns noch nicht zu Erwachsenen. Und wenn wir das Glück haben, dass unsere Eltern ein hohes Alter erreichen, dann haben wir die Chance, aus der Rolle des verletzten Kindes herauszutreten und vorbehaltlos in die mächtigste Kraft zu gehen, die wir haben: in die Liebe und das Verzeihen – anderen und sich selbst. Verzeihen ist kein Akt des Vergessens, sondern eine bewusste Entscheidung zu vergeben. Ich bin dankbar, dass ich das konnte. Und so veränderte sich das Bild von meiner Mutter in mir in Bewunderung – und in grenzenlose Liebe, wie ich sie noch nicht gekannt hatte. Ich wurde weich wie Wasser.

Wasser ist so viel stärker als Stein. Meine Weichheit öffnete die Tür für meine Mutter. Zu meiner großen Überraschung hatte sie sich all die Jahre danach verzehrt, von mir als Mensch wahr- und angenommen zu werden. Unsere Sehnsucht war genau dieselbe, doch aus Angst vor Verletzung waren wir uns als Steine begegnet. Jeder für sich hat sich so der Chance beraubt, in Beziehung zu gehen und gemeinsam zu wachsen.

Diese Art des Wachstums geschieht nur in der Dimension der Liebe: Wenn zwei Menschen Nähe zulassen und sich in ihrer Verletzlichkeit begegnen, bleiben Verletzungen nicht aus. Doch ob sie daran leiden oder dem anderen vergeben und daran wachsen können, ist ihre Entscheidung. Der Stein verliert das Leben, das Wasser gewinnt es und findet Erfüllung in der Geborgenheit der Liebe.

Und durch meine Liebe konnte meine Mutter der Welt endlich ihre wahre Größe zeigen. Auf einmal kämpfte sie um ihr Leben auf eine Art, die sie in den Augen der Ärzte zu einer High-Performerin machte. Sie legte eine unglaubliche Würde an den Tag. Sie war für jeden Tag dankbar und gleichzeitig war sie bereit zu sterben. Selbst als sie kaum noch sprechen konnte, sagte sie mir: »Es ist so schön, Zeit mit meiner Tochter zu haben.«

Ihre letzten drei Wochen war ich Tag und Nacht an ihrem Bett. Obwohl es die Zeit ihres Sterbens war, waren wir beide in dieser Zeit dem Leben so nah wie noch nie.

Wenn Sie in einer Beziehung so gesehen und angenommen werden, wie Sie wirklich sind – mit all Ihren vermeintlichen Unzulänglichkeiten und mit Ihrer Verletzlichkeit –, dann erst kommen Sie in Ihre Größe. Beziehungen sind Leben. Leben ist Wachstum. Wachstum ist Erfüllung.

Ich wünsche Ihnen ein geniales Leben.

Ihre *Nicole Brandes*